Лица России

Russische Persönlichkeiten

Siebzehn biografische Skizzen
von Natalija Nossowa

Übersetzt von Gisela Wachinger

Deutscher Taschenbuch Verlag

Originalausgabe
1. Auflage September 2008

Umschlagkonzept: Balk & Brumshagen
Umschlagbild: ‹17. Oktober 1905› von Ilya Repin (akg-images)
Satz: Komdata, Wachtendonk
Druck und Bindung: Kösel, Krugzell
Gedruckt auf säurefreiem, chlorfrei gebleichtem Papier
Printed in Germany · ISBN 978-3-423-09477-1

Предисло́вие

Что зна́ет неме́цкий чита́тель о Росси́я и ру́сских? Когда́ в диало́гах с мои́ми неме́цкими друзья́ми возни́кла иде́я написа́ть кни́гу о знамени́тых ру́сских, мы ста́ли обсужда́ть имена́: Горбачёв, Толсто́й, Чайко́вский, Менделе́ев, Шага́л . . . Поли́тики, писа́тели, учёные, музыка́нты, худо́жники, вошёдшие в кни́ги по исто́рии, литерату́ре и́ли иску́сству. Что должно́ бы́ло стать крите́рием отбо́ра для но́вой кни́ги? Сте́пень изве́стности? Значи́тельность сде́ланного? Интере́сная судьба́? «Типи́чная ру́сскость»? Кто интере́сен для не́мцев и кто ва́жен для сами́х ру́сских? Неда́вно проведённый опро́с показа́л, что большинство́ ру́сских отво́дит пе́рвое ме́сто по зна́чимости Петру́ Пе́рвому, за ним сле́дуют Алекса́ндр Пу́шкин, Ио́сиф Ста́лин и Юрий Гага́рин. В рука́х чита́теля кни́га, в кото́рой нет ни Петра́, ни Ста́лина, ни Горбачёва. Поня́тно его́ недоуме́ние, е́сли он не нашёл здесь ва́жных и интере́сных с его́ то́чки зре́ния имён. Но гла́вным для меня́ бы́ло созда́ть своеобра́зный калейдоско́п лиц, су́деб, собы́тий, сменя́ющих друг дру́га вне хронологи́ческой после́довательности и казало́сь бы вне вся́кой ло́гики. Мне хоте́лось допо́лнить, а иногда́ и поста́вить под вопро́с существу́ющий о́браз Росси́и, загляну́ть с по́мощью изображённых в кни́ге лиц в ру́сскую исто́рию, показа́ть тех люде́й, кото́рые – ка́ждый в свое́й о́бласти – да́ли и́мпульсы для положи́тельного разви́тия Росси́и в противове́с её ча́сто жесто́кой и тоталита́рной исто́рии.

Vorwort

Was weiß ein deutscher Leser über Russland und die Russen? Als in Dialogen mit meinen deutschen Freunden die Idee entstand, ein Buch über berühmte Russen zu schreiben, sprachen wir über Namen, die in Deutschland weithin bekannt sind: Gorbatschow, Tolstoj, Tschajkowskij, Mendelejew, Chagall… Politiker, Schriftsteller, Gelehrte, Musiker, Künstler, die zum historischen, literarischen oder kunstgeschichtlichen Kanon gehören. Aber welche Kriterien sollten ausschlaggebend für die Auswahl in dem neuen Buch sein? Der Grad der Berühmtheit? Die Bedeutsamkeit der Leistung? Das interessante Schicksal? Das «typisch Russische»? Wer ist interessant für die Deutschen und wer ist wichtig für die Russen selbst? Eine kürzlich durchgeführte Umfrage hat gezeigt, dass die meisten Russen Peter den Großen von der Bedeutung her an erster Stelle sehen, gefolgt von Alexander Puschkin, Josef Stalin und Jurij Gagarin. In der Hand hält der Leser jetzt aber ein Buch, in dem weder Peter der Erste, noch Stalin, noch Gorbatschow vorkommen. Seine Verwunderung darüber, die Namen nicht vorzufinden, die er für wichtig und interessant hält, ist verständlich. Aber mir war es am wichtigsten, eine Art bewegtes Bild zusammenzustellen, in dem Gesichter, Ereignisse und Schicksale einander ablösen, nicht in chronologischer Reihenfolge und scheinbar ohne jegliche Logik. Ich wollte das heutige Russlandbild vervollständigen und manchmal auch in Frage stellen, durch die in dem Buch dargestellten Personen einen Einblick in die russische Geschichte geben und die Menschen zeigen, die – jeder auf seinem Gebiet – den Anstoß für eine positive Entwicklung Russlands gegeben haben, als Gegenpol zu seiner oft grausamen und totalitären Geschichte.

Влади́мир «Кра́сное Со́лнышко»
Князь Влади́мир

В ру́сской правосла́вной це́ркви ки́евский князь Влади́мир Святосла́вович (948–1015) почита́ется как равноапо́стольный свято́й, т.е. отно́сится к святы́м, осо́бо просла́вившимся пропове́дыванием Ева́нгелия и обраще́нием наро́дов в христиа́нскую ве́ру. Его́ и́мя свя́зывается с христианиза́цией Руси́. Согла́сно «По́вести вре́менных лет», в 986 году́ к Влади́миру при́были в Ки́ев магомета́не, иуде́и и христиа́не из Ри́ма и Византи́и и убежда́ли приня́ть ка́ждый свою ве́ру. Влади́мир вы́слушал их всех, но не при́нял реше́ния.

В сле́дующем году́ он, по сове́ту свои́х боя́р, напра́вил посло́в в ра́зные стра́ны, что́бы познако́миться с разли́чными рели́гиями. Послы́ верну́лись и сообщи́ли кня́зю, что бо́льше всего́ на них произвело́ впечатле́ние богослуже́ние в собо́ре Свято́й Софи́и в Константино́поле, столи́це Византи́и. Они́ не зна́ли да́же, «на земле́ ли они́ нахо́дятся и́ли на не́бе». Влади́мир реши́л приня́ть христиа́нство из Византи́и.

Исто́рики полага́ют, что для приня́тия и́менно византи́йской ве́тви христиа́нства бы́ли и други́е причи́ны. И́менно византи́йская тради́ция, с её осо́бой систе́мой взаимоотноше́ний све́тской и церко́вной власте́й, отдава́ла всю полноту́ вла́сти императо́ру (василе́всу): он был вы́сшим судьёй, руководи́л вне́шней поли́тикой, издава́л зако́ны, кома́ндовал а́рмией и влия́л на церко́вные реше́ния. Власть его́ счита́лась боже́ственной и была́ практи́чески не ограни́ченной. Э́та полити́ческая моде́ль, веро́ятно, и привлекла́ Влади́мира, озабо́ченного укрепле́нием со́бст-

Wladimir « der Sonnenschein » Fürst Wladimir

In der russisch-orthodoxen Kirche wird der Kiewer Fürst Wladimir Swjatoslawowitsch (948–1015) als « Apostelgleicher » verehrt, das heißt, er wird zu den Heiligen gezählt, die für ihre Predigten über das Evangelium und für die Bekehrung von ganzen Völkern zum christlichen Glauben bekannt sind. Sein Name steht für die Christianisierung Russlands. Nach der altslawischen Nestorchronik kamen im Jahr 986 sowohl Muslime, als auch Juden und Christen aus Rom und Byzanz zu Wladimir nach Kiew und wollten ihn jeweils für ihren Glauben gewinnen. Wladimir hörte sie alle an, traf aber keine Entscheidung.

Im Jahr darauf schickte er – dem Rat seiner Bojaren folgend – Botschafter in verschiedene Länder, um sich mit den unterschiedlichen Religionen vertraut zu machen. Die Bojaren kamen zurück und berichteten dem Fürsten, dass der Gottesdienst in der Kirche der Heiligen Sofia in Konstantinopel, der Hauptstadt von Byzanz, den größten Eindruck auf sie gemacht habe. Sie hätten gleichsam nicht einmal gewusst, ob sie sich « auf der Erde befunden hätten oder im Himmel ». Wladimir entschied sich für das Christentum aus Byzanz.

Geschichtswissenschaftler gehen davon aus, dass es noch andere Gründe für den Entschluss gab, die byzantinische Form des Christentums zu wählen. Gerade die byzantinische Tradition mit ihrem besonderen Verhältnis der weltlichen zur kirchlichen Macht übertrug damals die gesamte Staatsmacht auf den Herrscher (Basileus). Er war der höchste Richter, bestimmte die Außenpolitik, erließ die Gesetze, befehligte die Armee und besaß einen religiösen Führungsanspruch. Seine Macht wurde als göttlich anerkannt und war praktisch unbegrenzt. Offensichtlich hat genau dieses politische Modell dem Fürsten Wladimir, der darauf

венной власти и созданием русской государственности.

Кроме того, крещение Владимира было условием и для его вступления в родственный союз с византийскими императорами Константином и Василием: породниться с ними Владимир мог в результате брака с их сестрой Анной, а братья согласились выдать их сестру замуж лишь за христианина. Согласно летописи, Владимир крестился в Корсуни (Херсонес) в 988 году. Незадолго перед крещением он потерял зрение и был чудесно исцелен в момент крещения от слепоты. Вернувшись в Киев, он приказал горожанам собраться на берегу Днепра, где и произошло массовое крещение.

Судя по рассказу летописи, Владимир до крещения – и Владимир (Василий) после крещения – два разных человека. Русская церковь сравнивает описанное в летописях чудо физического и духовного прозрения Владимира с тем, что произошло с Савлом – позднее апостолом Павлом. Павел, по выражению святителя Иоанна Златоуста, стал «из волка – агнцем, из терния – виноградом, из плевел – пшеницей, из врага – другом, из богохульника – богословом.»

Может быть, поэтому летописцы и не скупились на чёрные краски в изображении жизни Владимира до его обращения в христианскую веру. В летописях мы находим и описание того, как он пришёл к единоличной власти в Киеве (980), выступив войной против старшего брата по отцу, обманом заманив его к себе и «подняв его мечами под пазуху»; и описание того, как он, заняв Полоцк, силою овладел княжеской дочерью Рогнедой на глазах у её родителей и затем убил их, а Рогнеду взял в жёны. Такова была его месть за то, что Рогнеда до того

bedacht war, seine Macht zu stärken und einen russischen Staat zu gründen, besonders zugesagt.

Außerdem war die Taufe die Bedingung, um mit den byzantinischen Kaisern Konstantin und Basileio durch Heirat mit deren Schwester Anna verwandtschaftliche Beziehungen aufbauen zu können. Die Brüder wollten nur einer Heirat mit einem Christen zustimmen. Nach den Chroniken wurde Wladimir im Jahr 988 in Korsun getauft. Seine kurz vorher aufgetretene Erblindung wurde durch die Taufe auf wunderbare Weise geheilt. Nach Kiew zurückgekehrt, ließ er sein Volk am Ufer des Dnjepr versammeln, wo die Kiewer alle auf einmal getauft wurden.

Der Wladimir vor der Taufe und der Wladimir (Wassilij) nach der Taufe waren laut der Nestorchronik zwei völlig verschiedene Menschen. Die russische Kirche vergleicht dieses Wunder (nach der Taufe konnte er wieder sehen, die Bekehrung zum Christentum erlebte er als Erlösung von der geistigen Blindheit) mit der Verwandlung vom Saulus zum Paulus in der Apostelgeschichte. Johannes Chrysostomus schrieb, dass Paulus vom « Wolf zum Lamm, vom Dornenstrauch zur Weinrebe, von der Spreu zum Weizen, vom Feind zum Freund, vom Gotteslästerer zum Theologen » geworden sei.

Vielleicht sparen die Geschichtsschreiber genau aus diesem Grund nicht damit, Wladimirs Leben vor der Bekehrung zum christlichen Glauben in den schwärzesten Farben auszumalen. In den Chroniken finden wir die Geschichte, wie er im Jahr 980 die Alleinherrschaft in Kiew erlangte, indem er gegen seinen älteren Stiefbruder in den Krieg zog, ihn durch Täuschung zu sich lockte und ihn, als er eintrat, « mit den Schwertern in die Seiten stoßen und in die Luft erheben ließ ». Und auch die Erzählung, wie Wladimir, als er Polozk besetzt hatte, die Fürstentochter Rogneda vor den Augen ihrer Eltern vergewaltigte und diese danach umbrachte, Rogneda aber zur Frau nahm. Das war seine Rache

отказа́лась вы́йти за него́ за́муж, ведь он был незако́нным сы́ном Святопо́лка и клю́чницы княги́ни О́льги – Малу́ши («не хочу́ разу́ть ро́бичича», сказа́ла посла́нцам Рогне́да).

«Был же Влади́мир побеждён по́хотью, и бы́ли у него́ жёны: Рогне́да, от неё имел он четырёх сынове́й и двух дочере́й; от гре́чанки имел он Святопо́лка, от чехи́ни – Вышесла́ва, а ещё от одно́й жены́ – Святосла́ва и Мстисла́ва, а от болга́рыни – Бори́са и Гле́ба, а нало́жниц бы́ло у него́ 300 в Вы́шгороде, 300 в Бе́лгороде и 200 на Бе́рестове. И был он ненасы́тен в блу́де, приводя́ к себе́ заму́жних же́нщин и растля́я деви́ц.»

Говори́тся о том, как придя́ в Ки́еве к вла́сти, поста́вил он на холме́ за теремны́м дворо́м куми́ры шести́ гла́вным славя́нским язы́ческим бога́м и ввёл ненадо́лго челове́ческие жертвоприноше́ния.

По́сле креще́ния Влади́мира «воссия́л в его́ се́рдце ра́зум». По его́ распоряже́нию гото́вятся ру́сские свяще́нники, создаётся церко́вный уста́в, из Болга́рии приво́зятся кни́ги на славя́нском языке́, стро́ятся хра́мы и монастыри́. Он вели́т «собра́ть у лу́чших люде́й дете́й и отдава́ть их в обуче́ние кни́жное». Начина́ется ка́менное строи́тельство, чека́нятся со́бственные моне́ты. Влади́мир продолжа́ет вести́ акти́вную вне́шнюю поли́тику, подпи́сывает догово́ры с прави́телями ра́зных стран: Ве́нгрии, По́льши, Че́хии, Византи́и, с Па́пой Ри́мским. В ле́тописях упомина́ются его́ кро́тость, милосе́рдие, ще́дрость и оби́льная ми́лостыня. И́менно во времена́ Влади́мира происхо́дит де́йствие мно́гих ру́сских были́н, повеству́ющих о по́двигах богатыре́й. В ру́сском фолькло́ре он получи́л и́мя «Кра́сное со́лнышко».

dafür, dass Rogneda sich einst geweigert hatte, ihn zu heiraten, weil er ja ein unehelicher Sohn von Swjatopolk und Maluscha, der Magd der Fürstin Olga war («ich will nicht einem Bastard die Stiefel ausziehen», hatte Rogneda dem Boten gesagt).

«Und die Begierde hat Wladimir überwältigt und er hatte mehrere Frauen: Rogneda, von der er vier Söhne und zwei Töchter hatte; von der Griechin hatte er Swjatopolk, von der Tschechin Wyscheslaw und von einer weiteren Frau Swjatoslaw und Mstislaw, und von der Bulgarin hatte er Boris und Gleb; und in Wyschgorod hatte er dreihundert Konkubinen, und dreihundert in Belgorod und zweihundert in Berestow. Und er war unersättlich in seiner Unzucht und holte sich verheiratete Frauen und heranwachsende Mädchen.»

Es wird erzählt, dass Wladimir, als er in Kiew an die Macht kam, Götzenbilder auf dem Hügel hinter dem Fürstenpalast aufstellen ließ, welche die sechs höchsten slawischen Götter darstellten, und eine Zeit lang dort Menschenopfer darbrachte.

Nach der Taufe «leuchtete der Verstand in seinem Herzen auf». Er lässt russische Priester ausbilden, den Kirchenkodex schreiben, die Kirchenbücher in slawischer Sprache aus Bulgarien holen, Kirchen und Klöster gründen. Er ordnet an, «Kinder aus den besten Familien zum Lesenlernen zu holen». Wladimir führt die Steinbauweise ein und prägt eigene Münzen. Er betreibt weiter eine aktive Außenpolitik, schließt Verträge mit den Herrschern verschiedenster Länder (Ungarn, Polen, Tschechien und Byzanz) und mit dem Papst. In den Chroniken werden seine Sanftmut, Barmherzigkeit, Freigiebigkeit und die reichlich gespendeten Almosen erwähnt. Viele russische Sagen über große Heldentaten spielen in der Zeit Wladimirs. Im russischen Volksmund erhielt er den Namen «der Sonnenschein».

«Сли́шком мно́го сча́стья ...»
Со́фья Ковале́вская

Когда́ Со́фье бы́ло четы́рнадцать лет, она́ влюби́лась в Достое́вского. Её ста́ршая сестра́ Анюта, несмотря́ на запре́ты отца́, кото́рый счита́л писа́тельство посты́дным для же́нщины заня́тием, отпра́вила по по́чте в Петербу́рг знамени́тому писа́телю и изда́телю Достое́вскому свои́ по́вести. Сорока́трёхле́тний Достое́вский увлёкся молодо́й колле́гой, и стал ча́сто, а вско́ре и ежедне́вно, быва́ть в до́ме отца Анюты, генера́ла Корви́н-Круко́вского. Анюта не воспринима́ла его́ уха́живания всерьёз, зато́ Со́фья, стра́стно люби́вшая литерату́ру, не спуска́ла глаз с Достое́вского, боя́лась упусти́ть хотя́ бы одно́ ска́занное им сло́во. Когда́ Достое́вский ссо́рился с Анютой, он говори́л: «То́ ли де́ло ва́ша сестра́! Она́ ещё ребёнок, а как понима́ет меня́! Потому́ что у неё душа чу́ткая». В конце́ концо́в Анюта отказа́ла Достое́вскому. «Ему́ нужна́ совсе́м не така́я жена́, как я. Его́ жена́ должна́ совсе́м, совсе́м посвяти́ть себя́ ему́, всю свою́ жизнь ему́ отда́ть, то́лько о нём и ду́мать. А я э́того не могу́, я сама́ хочу́ жить!» – объясня́ла Анюта сестре́ своё реше́ние. Мно́го лет спустя́ Со́фья писа́ла в свои́х воспомина́ниях: «Серде́чная ра́на зажила́ ско́ро ... Нас обе́их охвати́ло чу́вство безотчётной, беспреде́льной жизнера́достности. Бо́же! как э́та лежа́щая пе́ред на́ми жизнь и влекла́ нас, и мани́ла, и как она́ каза́лась нам безграни́чна, таи́нственна и прекра́сна.»

Со́фья заняла́сь матема́тикой: уже́ её пра́дед и дед бы́ли ви́дными учёными. В восемна́дцать лет она и её ста́ршая на шесть лет сестра́ реши́ли посвяти́ть себя́ нау́ке. Шёл 1868 год. Же́нщины в Росси́и в то вре́мя не име́ли возмо́жности учи́ться в университе́те, они́ не име́ли да́же пра́ва посеща́ть ле́кции как во́льные

« Viel zu viel Glück ... » Sofia Kowalewskaja

Als Sofia vierzehn war, verliebte sie sich in Fjodor Dostojewskij. Ihre ältere Schwester Anjuta hatte dem berühmten Schriftsteller und Verleger ihre Erzählungen nach Sankt Petersburg geschickt, obwohl ihr Vater die Schriftstellerei für eine beschämende Beschäftigung für eine Frau hielt und der Tochter das Schreiben verboten hatte. Der dreiundvierzigjährige Dostojewskij war von der jungen Kollegin hingerissen und immer öfter im Haus des Generals Korwin-Krukowskij, Anjutas Vater, anzutreffen, bald sogar tagtäglich. Anjuta nahm dieses Werben nicht ernst, dafür ließ aber Sofia, die Literatur leidenschaftlich liebte, die Augen nicht von Dostojewskij und hing an seinen Lippen. Dostojewskij sagte im Streit manchmal zu Anjuta: « Ihre Schwester ist ja ganz anders! Sie ist noch ein Kind, aber wie gut versteht sie mich! Weil sie eben ein so einfühlendes Herz hat. » Anjuta lehnte Dostojewskijs Heiratsantrag schließlich ab. « Er braucht eine ganz andere Frau als mich. Sie muss sich ganz – aber wirklich ganz – ihm widmen, ihr ganzes Leben ihm schenken und nur an ihn denken. Ich kann das nicht, ich möchte auch selbst leben! » – erklärte Anjuta ihrer Schwester. Viele Jahre später schrieb Sofia in ihren Memoiren über diese Zeit: « Die Liebeswunde heilte schnell ... Wir Mädchen waren plötzlich von einer unbegreiflichen, grenzenlosen Lebensfreude erfüllt. Mein Gott! Wie lockte uns das vor uns liegende Leben und wie zog es uns an, wie grenzenlos, geheimnisvoll und schön schien es uns! »

Sofia interessierte sich immer mehr für Mathematik; schon ihr Urgroßvater und ihr Großvater waren berühmte Gelehrte gewesen. Als sie achtzehn war, beschlossen sie und ihre sechs Jahre ältere Schwester, ihr Leben der Wissenschaft zu widmen. Aber zu jener Zeit, 1868, war es in Russland für eine Frau nicht möglich zu studieren, Frauen

слу́шатели. Лишь немно́гие университе́ты за гра-ни́цей принима́ли же́нщин. Но как вы́ехать молодо́й же́нщине за грани́цу, е́сли она́ не име́ет да́же со́бственного па́спорта и мо́жет путеше́ствовать лишь в сопровожде́нии отца́ или му́жа, в па́спорт кото́рых она́ впи́сана? Остаётся вы́йти за́муж, хотя бы фикти́вно. Фикти́вный брак с прогресси́вно настро́енным молоды́м челове́ком, согла́сным жени́ться на де́вушке, что́бы дать ей возмо́жность вы́ехать на учёбу за грани́цу, был в то вре́мя явле́нием нере́дким.

Му́жем Со́фьи согласи́лся стать Влади́мир Ковале́вский, влюби́вшийся в неё с пе́рвого взгля́да. Пе́рвые пять лет брак остава́лся фикти́вным, по́зже Со́фья согласи́лась на настоя́щую семью́, у них родила́сь дочь.

В 1869 году молоды́е супру́ги уе́хали за грани́цу: снача́ла в Ве́ну, пото́м в Берли́н и Ге́йдельберг. В Берли́не Со́фья была́ учени́цей выдаю́щегося матема́тика Ка́рла Вейерштра́сса. Он так высоко́ цени́л свою́ студе́нтку, что беспла́тно занима́лся с ней индивидуа́льно два ра́за в неде́лю: оди́н раз они́ встреча́лись у неё, оди́н раз она́ приходи́ла к нему́ домо́й.

Уе́хавшая вме́сте с ней за грани́цу сестра́ А́нна вы́шла за́муж за францу́за и была́ уча́стницей Пари́жской Комму́ны. Со́фья с му́жем приезжа́ли в апре́ле 1871 го́да в осаждённый Пари́ж, где Со́фья помога́ла забо́титься о ра́неных коммуна́рах.

Лётом 1874 го́да курс обуче́ния был завершён. Ковалёвская предста́вила иссле́дование «К тео́рии дифференциа́льных уравне́ний в ча́стных произво́дных» как до́кторскую диссерта́цию. Аналоги́чное сочине́ние ра́ньше Ковалёвской написа́л францу́зский матема́тик Коши́, но он рассмотре́л лишь оди́н ча́стный слу́чай. Ковалёвская значи́тельно упрости́ла

durften nicht einmal als Gasthörerinnen die Vorlesungen besuchen. Nur im Ausland hatten Frauen zu einigen Universitäten Zugang. Aber wie sollte eine Frau überhaupt ins Ausland gelangen, sie durfte ja nicht alleine reisen, besaß keinen Pass, sondern war lediglich im Pass ihres Vaters oder ihres Mannes eingetragen? Sie musste heiraten, und sei es auch nur zum Schein. Scheinehen waren damals nicht selten. Fortschrittlich denkende junge Männer erklärten sich bereit, eine Frau zu heiraten, um ihr ein Studium im Ausland zu ermöglichen.

Mit Sofia ging Wladimir Kowalewskij, der sich auf den ersten Blick in sie verliebt hatte, eine solche Scheinehe ein. Die ersten fünf Jahre blieb es tatsächlich bei der Scheinehe, später entschied sich auch Sofia für eine richtige Familie und sie bekamen eine Tochter.

1869 reisten Sofia und Wladimir aber zuerst einmal ins Ausland: Zunächst nach Wien, dann nach Berlin und Heidelberg. In Berlin besuchte Sofia Vorlesungen von Karl Weierstraß und wurde die Schülerin des in ganz Europa anerkannten Mathematikers. Er schätzte seine Schülerin so sehr, dass er ihr zweimal in der Woche kostenlosen Unterricht erteilte (einmal in der Woche trafen sie sich bei ihr und einmal kam sie zu ihm).

Die Schwester, die mit dem jungen Paar ins Ausland gekommen war, heiratete später einen Franzosen und kämpfte 1871 auf der Seite der Pariser Kommune. Sofia und ihr Mann besuchten sie im April im belagerten Paris, und Sofia half ihr, die verwundeten Kommunarden zu pflegen.

Im Sommer 1874 beendete sie ihr Studium. Sofia legte ihre Forschungsarbeit ‹Zur Theorie der partiellen Differentialgleichungen› als Doktorarbeit vor. Ein Resultat daraus, welches für einen Spezialfall schon der französische Mathematiker Cauchy gezeigt hatte und das von Kowalewskaja nun allgemeiner bewiesen wurde, ist als Cauchy-Kowalewskaja-Theorem bekannt und heute Teil eines jeden Kurses

доказа́тельство и придала́ теоре́ме оконча́тельную фо́рму. Результа́т её иссле́дования изве́стен сего́дня как «теоре́ма Коши́-Ковале́вской» и вхо́дит во все уче́бники по дифференциа́льному ана́лизу. Гёттинге́нский университе́т присуди́л ей сте́пень до́ктора филосо́фии в о́бласти математи́ческих нау́к.

Ковале́вские верну́лись на ро́дину. Со́фья иска́ла примене́ния полу́ченному образова́нию. Ей хоте́лось акти́вно уча́ствовать в нау́чной и полити́ческой жи́зни Росси́и. Но обстоя́тельства сложи́лись не так, как ей об э́том мечта́лось. Внача́ле, сра́зу по́сле возвраще́ния софьи, на откры́тии Вы́сших же́нских Бесту́жевских ку́рсов, бы́ло организо́вано её че́ствование. По́сле изоля́ции за грани́цей она́ ра́довалась обще́нию, обме́ну мне́ниями о дела́х европе́йских, росси́йских, нау́чных. Но но́вые знако́мства, литерату́рные кружки́, посеще́ние теа́тров смени́лись бу́днями. Преподава́ть на Бесту́жевские ку́рсы её не взя́ли. Рабо́ты ни для Со́фьи, ни для Влади́мира в Петербу́рге не нашло́сь: сли́шком они́ образо́ванны, прогресси́вны, не таки́е, как все. Еди́нственное, на что она́ могла́ рассчи́тывать в Росси́и, – э́то до́лжность учи́тельницы арифме́тики. Со́фья не могла́ смири́ться с э́тим. Когда́ оди́н чино́вник ей заяви́л, что преподава́ние вы́сшей матема́тики всегда́ бы́ло де́лом мужчи́н, она́ отве́тила: «Когда́ Пифаго́р откры́л свою́ знамени́тую теоре́му, он принёс в же́ртву бога́м сто бы́ков. С тех пор все скоты́ боя́тся но́вого».

Ковале́вская ста́ла занима́ться журнали́стикой, что дава́ло вы́ход её литерату́рному тала́нту и приноси́ло не́который дохо́д. Де́ньги бы́ли нужны́. В по́исках рабо́ты Со́фья с до́черью сно́ва уе́хала за грани́цу. Влади́мир оконча́тельно разори́лся и в апре́ле 1883 го́да поко́нчил жизнь самоуби́йством.

in Höherer Analysis. Sie wurde an der mathematischen Fakultät der Göttinger Universität zum Dr. phil. promoviert.

Die Kowalewskis kehrten nach Russland zurück. Sofia wollte ihre mathematischen Kenntnisse anwenden und sich wissenschaftlich wie gesellschaftlich engagieren. Aber das Leben in Russland gestaltete sich für sie nicht so, wie sie es sich erträumt hatte. Gleich nach ihrer Rückkehr feierte man sie zwar auf der Eröffnungsveranstaltung der Bestuschew-Hochschule, der ersten Hochschule für Frauen. Nach dem einsamen Dasein im Ausland freute sie sich über die Gespräche und den Meinungsaustausch zur aktuellen Situation und über die modernen Wissenschaften in Europa und in Russland. Aber schon bald wurde die Freude an den neuen Bekanntschaften, Theaterbesuchen und Abenden in literarischen Zirkeln durch düstere Ereignisse getrübt: Die Bestuschew-Hochschule verweigerte ihr eine Stelle als Dozentin. Weder für Sofia noch für Wladimir fand sich in Petersburg Arbeit. Sie waren zu gut ausgebildet, zu fortschrittlich, sie waren anders als alle Anderen. Das Einzige, womit Sofia in Russland rechnen konnte, war eine Stelle als Rechenlehrerin an einer Mädchenschule. Damit konnte sie sich nicht abfinden. Als ein Beamter ihr erklärte, dass die Lehre von der höheren Mathematik schon immer Männersache gewesen sei, erwiderte sie: «Als Pythagoras seinen berühmten Lehrsatz aufgestellt hatte, brachte er dem Gott hundert Stiere zum Opfer. Seitdem haben alle Hornochsen Angst vor Neuerungen.»

Kowalewskaja versuchte sich als Journalistin, was ihr literarisches Talent zum Vorschein brachte und ihr ein gewisses Einkommen sicherte. Geld war bitter nötig. Auf der Suche nach Arbeit begab sich Sofia mit ihrer Tochter wieder ins Ausland. Wladimir war vollkommen bankrott und beging im April 1883 Selbstmord.

Только после смерти мужа Софья получила из Стокгольма предложение занять должность приват-доцента и читать лекции по математике в университете – до этого, живя отдельно от мужа в другой стране, она не имела права преподавать. О её приезде в ноябре 1883 года писали в шведских газетах. Уже через год она стала штатным профессором и читала лекции на шведском языке. В то же время она работала издателем и редактором математического журнала. В 1888 году Ковалевская получила премию Парижской Академии наук за работу «Задача о вращении твёрдого тела вокруг неподвижной точки», за продолжение этой темы она стала лауреатом премии Шведской Академии.

В 1887 году Софья знакомится с Максимом Ковалевским, однофамильцем, профессором государственного права, учёным, вынужденным покинуть Россию из-за своих политических убеждений. Это был видный, красивый, артистичный и энциклопедически образованный человек, избалованный вниманием женщин. Они были ровесниками со схожей судьбой, были не нужны на родине и имели успех за границей, оба привыкли бороться и побеждать, оба тосковали по разговорам «со своими близкими по-русски». Их отношения не были простыми. Страсть, нежность и любовь сменялись ревностью (в том числе к успехам другого), желанием властвовать и нерешительностью. Она не хотела потерять своё «я» и «не допускала мысли, чтобы любимое ею существо имело какие-либо чувства, мысли, желания, направленные не на неё».

Максим уговаривал её больше отдавать времени литературе. Она написала драму «Борьба за счастье» и семейную хронику «Воспоминания детства».

В 1889 она стала первой женщиной членом-

Erst nach dem Tod ihres Mannes wurde sie aufgefordert, als Privatdozentin in Stockholm Mathematikvorlesungen zu halten – sie hatte nicht unterrichten dürfen, solange sie als verheiratete Frau getrennt von ihrem Mann in einem anderen Land lebte. Über ihre Ankunft im November 1883 berichteten sogar die schwedischen Zeitungen. Nach einem Jahr schon wurde sie ordentliche Professorin und hielt Vorlesungen in schwedischer Sprache. Gleichzeitig war sie Mitherausgeberin und Redakteurin einer mathematischen Fachzeitschrift. 1888 erhielt Sofia Kowalewskaja einen Preis der Pariser Akademie der Wissenschaften für ihre Arbeit zum Problem der Rotation fester Körper um einen Fixpunkt. Für ihre Weiterentwicklungen auf diesem Gebiet wurde sie auch Preisträgerin der schwedischen Akademie.

1887 hatte Sofia Maxim Kowalewskij, ihren Namensvetter und Professor der Rechtswissenschaften kennengelernt, einen Gelehrten, der gezwungen worden war, Russland seiner politischen Überzeugung wegen zu verlassen. Er war ein stattlicher, gut aussehender Mann mit künstlerischen Begabungen, kultiviert, gebildet, durch die Aufmerksamkeit von Frauen verwöhnt. Sie waren gleich alt, hatten ein ähnliches Schicksal, waren beide in Russland unerwünscht und hatten Erfolg im Ausland, beide waren Kämpfer- und Siegernaturen und hatten Sehnsucht «mit ihren Nächsten Russisch sprechen zu können». Die Beziehung war nicht einfach. Leidenschaft, Zärtlichkeit und Liebe wechselten sich mit Eifersucht (auch über den Erfolg des Anderen), Herrschsucht und Unentschlossenheit ab. Sie wollte ihr eigenes «Ich» nicht verlieren, andererseits «wollte sie sich nicht vorstellen, dass ihr Geliebter irgendwelche Gefühle, Gedanken und Wünsche haben könnte, die nicht auf sie gerichtet wären».

Maxim überredete sie, mehr Zeit mit Schreiben zu verbringen. Sie schrieb das Drama ‹Der Kampf ums Glück› und die Familienchronik ‹Erinnerungen an die Kindheit›.

1889 wurde Sofia Kowalewskaja als erste Frau von der

корреспондентом Петербургской Академии Наук и в 1890 году последний раз приехала в Россию в надежде, что её изберут в действительные члены академии на освободившееся место. Когда она пожелала присутствовать на заседании Академии, ей ответили, что пребывание женщин на таких заседаниях «не в обычаях Академии». Большей обиды, большего оскорбления не могли нанести ей на родине.

В конце 1890 года она выехала на юг Франции к своему возлюбленному. Они провели вместе два месяца, непривычно спокойных и счастливых, и наконец решили пожениться. По дороге в Швецию Софья сильно простудилась, заболела воспалением лёгких и скоропостижно скончалась. Последние её словами были: «Слишком много счастья».

«Пушкин – наше всё»
Александр Пушкин

«Наша память хранит с малолетства весёлое имя: Пушкин. Это имя, этот звук наполняет собою многие дни нашей жизни», – так писал русский поэт Александр Блок в начале двадцатого века. Нет, наверное, русского человека, для которого знакомство с литературой не начиналось бы с Пушкина, с его сказок. Школьники учат наизусть его стихи и поэмы. С удивительной лёгкостью в памяти откладываются строфы из романа в стихах «Евгений Онегин». Пушкина цитируют, ссылаются на него как на высший авторитет, приводят цитаты из него в качестве неоспоримого аргумента.

С Пушкина открывается «золотой век русской

Sankt Petersburger Akademie der Wissenschaften zum korrespondierenden Mitglied ernannt. Ein Jahr später fuhr sie zum letzten Mal nach Russland, in der Hoffnung, dass sie auf den freigewordenen Platz eines ordentlichen Mitglieds der Akademie gewählt würde. Als sie an der Mitgliederversammlung der Akademie teilnehmen wollte, teilte man ihr mit, dass die Anwesenheit von Frauen bei solchen Sitzungen «nicht mit den Traditionen der Akademie in Einklang stehe». Eine größere Beleidigung und Kränkung hätte man ihr in der Heimat nicht zufügen können.

Ende 1890 fuhr sie nach Südfrankreich zu ihrem Geliebten. Sie verbrachten zusammen zwei ungewöhnlich ruhige und schöne Monate und beschlossen endlich zu heiraten. Auf der Reise zurück nach Schweden erkältete sich Sofia und bekam eine Lungenentzündung. Es war ein plötzlicher Tod. Ihre letzten Worte waren «Viel zuviel Glück».

«Puschkin – unser Ein und Alles»
Alexander Puschkin

«Unser Gedächtnis hat von Kindheit an den fröhlichen Namen Puschkin bewahrt. Dieser Name, dieser Klang erfüllt viele Tage unseres Lebens» schrieb der russische Dichter Alexander Blok zu Beginn des zwanzigsten Jahrhunderts. Es gibt wahrscheinlich keinen russischen Menschen, für den die Bekanntschaft mit der Literatur nicht mit Puschkin und seinen Märchen beginnt. Die Schulkinder lernen seine Gedichte und Balladen auswendig. Mit wunderbarer Leichtigkeit prägen sich die Strophen von ‹Eugen Onegin›, einem Roman in Versen, ins Gedächtnis ein. Man zitiert Puschkin, man beruft sich auf ihn als höchste Autorität. Zitate von ihm sind unwiderlegbare Argumente.

Puschkin eröffnet das goldene Jahrhundert der russischen

литерату́ры». Он – созда́тель ру́сского литерату́рного языка́, объедини́вшего в себе́ церко́вно-славя́нскую ле́ксику, галлици́змы, живу́ю разгово́рную речь и поэти́ческие о́бразы ру́сского фолькло́ра. В его́ тво́рчестве обозна́чены те́мы, ста́вшие гла́вными для почти́ всех после́дующих ру́сских писа́телей.

Го́голь называ́л его́ «явле́нием чрезвыча́йным, еди́нственным явле́нием ру́сского ду́ха». «Тебя́, как пе́рвую любо́вь, /Росси́и се́рдце не забу́дет» – писа́л Фёдор Тютчев на сме́рть Пу́шкина. Достое́вский в ре́чи, посвящённой столе́тнему юбиле́ю Пу́шкина, назва́л его́ «всечелове́ком», соедини́вшим в себе́ противоре́чия и поля́рности челове́ческого ду́ха. «Пу́шкин – на́ше всё,» – писа́л кри́тик Аполло́н Григо́рьев. «Он победи́л и вре́мя и простра́нство, – писа́ла поэте́сса А́нна Ахма́това. – Говоря́т: пу́шкинская эпо́ха, пу́шкинский Петербу́рг . . . Ру́кописи, дневники́ и пи́сьма начина́ют цени́ться, е́сли там появля́ется маги́ческое сло́во ‹Пу́шкин›».

Алекса́ндр Серге́евич Пу́шкин роди́лся в 1799 году́ в Москве́. По отцо́вской ли́нии э́то был знатный, но обедне́вший дворя́нский род. Пра́дед его́ по ма́тери, в де́тстве вы́везенный из А́фрики и пода́ренный Петру́ Пе́рвому в ка́честве «арапчо́нка», был люби́мцем царя́. Тот дал ему́ образова́ние, жени́л и обеспе́чил генера́льскую карье́ру.

Роди́тели Пу́шкина уделя́ли ма́ло внима́ния сыну. Тепло́ и ла́ску он получа́л от свое́й ня́ни, Ари́ны Родио́новны, крестья́нки, кото́рая расска́зывала ему́ ру́сские ска́зки и пе́ла наро́дные пе́сни. Пу́шкин научи́лся чита́ть по-францу́зски ра́ньше, чем по-ру́сски, и ещё десятиле́тним ма́льчиком перечита́л мно́гое из нове́йшей францу́зской литерату́ры, включа́я Вольте́ра.

Literatur. Er ist der Schöpfer der literarischen russischen Sprache, welche das Kirchenslawische, versetzt mit Gallizismen, mit der Umgangssprache und mit der Bildersprache der russischen Volksdichtung verbindet. In seinem Werk werden bereits alle großen Themen der russischen Literatur sichtbar.

Gogol nannte ihn «eine außerordentliche, ja einzigartige Offenbarung des russischen Geistes». «Du bist wie die erste Liebe, / das russische Herz wird dich nicht vergessen» schrieb der Dichter Fjodor Tjutschew anlässlich von Puschkins Tod. In seiner Rede zum hundertsten Geburtstag nannte Dostojewskij ihn den «Allesmenschen», der in sich die Widersprüche und die Polarität der menschlichen Seele vereint. «Puschkin – unser Ein und Alles» schrieb der Kritiker Apollon Grigorjew. «Er hat Raum und Zeit besiegt», schrieb die Dichterin Anna Achmatowna. Man spricht vom «Puschkin-Zeitalter» und vom «puschkinschen Petersburg». Handschriften, Tagebücher und Briefe werden sofort wertvoll, wenn in ihnen das magische Wort «Puschkin» auftaucht.

Alexander Sergejewitsch Puschkin wurde 1799 in Moskau geboren. In väterlicher Linie stammte er aus einer bekannten, aber verarmten adligen Familie. Ein Urgroßvater mütterlicherseits war als Kind aus Afrika mitgebracht und Peter dem Großen als «Kleiner Mohr» geschenkt worden. Er war der Liebling des Zaren. Dieser gab Puschkins Urgroßvater eine gute Ausbildung, verheiratete ihn an eine Bojarentochter und ermöglichte ihm die Generalslaufbahn.

Die Eltern Puschkins beschäftigten sich kaum mit ihm. Wärme und Zärtlichkeit erfuhr er durch seine Kinderfrau Arina Rodjonowna, eine Bäuerin, die ihm Märchen erzählte und Volkslieder vorsang. Er lernte Französisch zu lesen noch bevor er Russisch lesen konnte. Schon als Zehnjähriger las er viele Werke der neueren französischen Literatur, darunter Voltaire.

В Царскосе́льском лице́е, куда́ он поступи́л сразу же по́сле его́ откры́тия в 1811 году́, Пу́шкина прозва́ли «францу́зом», а иногда́ дразни́ли «по́месью ти́гра с обезья́ной». В э́том привилегиро́ванном учёбном заведе́нии для ма́льчиков из зна́тных семе́й, при́званном подгото́вить госуда́рственных де́ятелей, Пу́шкин сра́зу прослы́л пе́рвым поэ́том и получи́л репута́цию сочини́теля бы́строго, лёгкого, рабо́тающего без вся́ких уси́лий. Ещё лицеи́стом он узна́л пе́рвую сла́ву. Его́ похвали́л корифе́й ру́сской литерату́ры поэ́т Гаври́ил Держа́вин.

Стари́к Держа́вин на́с заме́тил,
И, в гроб сходя́, благослови́л.

С 1814 го́да сочине́ния Пу́шкина печа́таются в журна́лах. Вско́ре его́ и́мя у всех на слуху́. Поэ́т Васи́лий Жуко́вский, наста́вник Пу́шкина, утвержда́л: «Когда́ ему́ бы́ло восемна́дцать лет, он ду́мал, как тридцатиле́тний челове́к: ум его́ созре́л гора́здо ра́ньше, чем его́ хара́ктер». В 1817 году́ зако́нчен Лице́й. Наступи́ла долгожда́нная свобо́да! Пу́шкин броса́ется с голово́й и столи́чную све́тскую жизнь. Театр, балы́, ка́рты, дру́жеские попо́йки, волоки́тство за све́тскими да́мами. Бесчи́сленные рома́ны с са́мыми зна́тными краса́вицами. За коро́ткое вре́мя он приобрета́ет репута́цию гуля́ки и сам её подде́рживает: «А я, пове́са ве́чно пра́здный». Его́ ста́ршие друзья́-поэ́ты беспоко́ятся: «Пу́шкина … я ежедне́вно браню́ за ле́ность …», «Пу́шкин по утра́м расска́зывает Жуко́вскому, где он всю ночь не спа́л; … а ввечеру́ иногда́ игра́ет в банк …». Они́ говоря́т о «престу́пной пра́здности ге́ния», о том, что поэти́ческий дар вы́пал не тому́. Спустя́ мно́го лет

Im Lyzeum in Zarskoje Selo, in das Puschkin gleich bei dessen Gründung 1811 eintrat, wurde er « der Franzose » genannt und manchmal als « eine Kreuzung von Tiger und Affe » gehänselt. In dieser elitären Lehranstalt für Jungen aus aristokratischen Familien, die hier auf eine staatliche Laufbahn vorbereitet wurden, gewann er Ansehen als einer, der schnell, leicht und ohne Anstrengung Gedichte schreiben konnte, und galt bald als der « erste Dichter ». Schon vor Abschluss des Lyzeums war er berühmt, er wurde von dem russischen Literaturpapst Gawriil Derschawin hoch gelobt und zum Nachfolger « geweiht ».

Der alte Derschawin ist auf mich aufmerksam geworden
Und, bevor er in den Sarg stieg, hat er mich gesegnet.

1814 wird ein Gedicht Puschkins in einer literarischen Zeitschrift gedruckt. Bald wird Puschkin bekannt, berühmt. Der Dichter Schukowskij, ein Lehrer Puschkins, schrieb: « Schon mit achtzehn Jahren dachte er wie ein Dreißigjähriger: Sein Verstand ist viel früher als sein Charakter gereift. » 1817 beendete Puschkin das Lyzeum. Die langersehnte Freiheit begann! Er stürzt sich kopfüber in das mondäne Großstadtleben. Theater, Bälle, Kartenspiel, Zechgelage, Affären mit den fürstlichen Damen, unzählige Liebesgeschichten mit den Petersburger Schönheiten. In kurzer Zeit ist Puschkin als Bummler stadtbekannt; er selbst bestätigt dieses Bild: « Und ich – ich bin ein immer sorgloser Windbeutel. » Seine etwas älteren Dichterfreunde machen sich Sorgen: « Der Puschkin …, ich schelte ihn jeden Tag wegen seiner Faulheit. » oder: « Der Puschkin erzählt am Morgen dem Schukowskij, wo er die ganze Nacht nicht geschlafen hat; … und am Abend spielt er immer wieder Karten … » Sie reden über den « verbrecherischen Müßiggang dieses Genies » und davon, dass « die poetische Gabe dem Falschen zugefallen

Пу́шкин обраща́ется к э́той теме́ в «Ма́леньких траге́диях» и вкла́дывает в уста́ Салье́ри слова́ свои́х со́бственных зави́стников:

Где ж правота́, когда́ свяще́нный дар,
Когда́ бессме́ртный ге́ний – не в награ́ду
Любви́ горя́щей, самоотверже́нья,
Трудо́в, усе́рдия, моле́ний по́слан –
А озаря́ет го́лову безу́мца,
Гуля́ки пра́здного? . . . О Мо́царт, Мо́царт!

И в то же вре́мя э́тот «гуля́ка пра́здный» пи́шет вольнолюби́вые стихи́, ходя́щие в спи́сках по рука́м и тут же зау́чиваемые наизу́сть. За э́ти стихи́, за злы́е сати́ры на царя́ и е́дкие эпигра́ммы на ца́рское окруже́ние, за о́ду «Во́льность», напра́вленную про́тив «тира́нов ми́ра» царь ссыла́ет Пу́шкина в 1820 году́ на юг Росси́и, а когда́ и э́то не помога́ет – че́рез четы́ре го́да – на се́вер, в родово́е име́ние Миха́йловское «под надзо́р роди́телей».

14 декабря́ 1825 го́да на Сена́тской пло́щади в Петербу́рге соверша́ется попы́тка заме́ны абсолюти́зма на конституцио́нную мона́рхию. Восста́ние те́рпит неуда́чу, к вла́сти прихо́дит бра́т у́мершего импера́тора Алекса́ндра Никола́й Пе́рвый. Во вре́мя аре́ста и о́быска уча́стников восста́ния – молоды́х офице́ров, составля́вших эли́ту тогда́шней Росси́и, в бума́гах почти́ ка́ждого из них бы́ли на́йдены ко́пии свободолюби́вых стихо́в Пу́шкина.

В сентябре́ 1826 го́да поэ́т вы́зван из дере́вни на аудие́нцию к но́вому царю́. На его́ вопро́с, что он сде́лал бы, окажи́сь в моме́нт восста́ния в Петербу́рге, Пу́шкин отве́тил, что среди́ восста́вших бы́ло мно́го его́ друзе́й и что он был бы вме́сте с ни́ми на Сена́тской пло́щади. Госуда́рь и поэ́т име́ли до́лгую

sei». Viele Jahre später behandelt Puschkin dieses Thema in den ‹Kleinen Tragödien› und legt Salieri die Worte seiner eigenen Neider in den Mund:

> Kann es denn recht sein, wenn die heilige Begabung,
> wenn unsterbliches Genie nicht als Lohn
> für glühende Liebe, Selbstlosigkeit,
> Arbeit, Fleiß, Flehen zuteil wird,
> sondern den Kopf eines Irren,
> eines Luftikus erstrahlen lässt? … O Mozart, Mozart!

Und zur selben Zeit schreibt der «Luftikus» freidenkerische Gedichte, die überall in Kopien weitergegeben und auswendig gelernt werden. Wegen dieser Gedichte, wegen böser Satiren auf den Zaren und über das zaristische Umfeld und wegen der Ode ‹Die Freiheit›, die sich gegen die «Tyrannen der Welt» richtet, verbannt ihn Zar Alexander I. 1820 erst nach Südrussland und – als das nichts hilft – nach ein paar Jahren in den Norden auf sein Familiengut Michailowskoje «unter Aufsicht der Eltern».

Am 14. Dezember 1825 wird auf dem Senatsplatz in Petersburg ein Versuch unternommen, den Absolutismus durch eine konstitutionelle Monarchie abzulösen. Der Aufstand schlägt fehl, an die Macht kommt Nikolaj I., der Bruder des verstorbenen Alexander I. Als die Verschwörer – junge Offiziere der damaligen Elite in Russland – verhaftet werden, findet man in den Papieren fast eines jeden Kopien von freidenkerischen Versen Puschkins.

Im September 1826 wurde der Dichter aus seinem Dorf zu einer Audienz beim neuen Zaren gerufen. Auf die Frage, was er denn getan hätte, wenn er während des Aufstandes in Petersburg gewesen wäre, antwortete Puschkin, er wäre sicher auf dem Senatsplatz gewesen, da viele der Verschwörer seine Freunde seien. Der Monarch und der Dichter sprachen lange miteinander. Vielleicht konnte Nikolaj Puschkin

бесе́ду. Возмо́жно, Никола́й суме́л убеди́ть Пу́шкина в том, что пе́ред ним «но́вый Пётр», а Пу́шкин попыта́лся взять на себя́ роль засту́пника за друзе́й-декабри́стов. По́сле разгово́ра госуда́рь вы́вел Пу́шкина в за́лу, где собра́лись придво́рные: «Господа́, вот вам но́вый Пу́шкин, о ста́ром забу́дем».

Поэ́т обеща́л не писа́ть бо́льше про́тив прави́тельства, а Никола́й предложи́л себя́ на роль пе́рвого чита́теля и це́нзора. «Я ны́нче до́лго говори́л с умне́йшим челове́ком Росси́и», – так отозва́лся Никола́й об э́той бесе́де.

Пу́шкин находи́лся на верши́не сла́вы. Его́ с восто́ргом принима́ли в Москве́ и в Петербу́рге, устра́ивали ему́ шу́мные ова́ции, зазыва́ли в го́сти.

Несмотря́ на шу́мную и беспоря́дочную жизнь, кото́рую он вёл, на жизнера́достность, весёлость и лёгкость, отмеча́емую все́ми совреме́нниками, э́то бы́ло вре́мя его́ глубо́ких и почти́ траги́ческих размышле́ний.

Так исчеза́ют заблужде́нья
С изму́ченной души́ моей,
И возника́ет в ней виде́нье
Первонача́льных чи́стых дней.

Э́то бы́ло вре́мя сосредото́ченной вну́тренней рабо́ты, переоце́нки це́нностей. От вольтерья́нского атеи́зма он прихо́дит к глубо́кому религио́зному чу́вству, призы́вы к сверже́нию мона́рхии сменя́ются понима́нием «ру́сского бу́нта» как «бессмы́сленного и беспоща́дного», романти́зм уступа́ет ме́сто реали́зму, стихи́ сменя́ет про́за, революцио́нная ли́рика уступа́ет ме́сто стиха́м об и́стинной, вну́тренней свобо́де:

davon überzeugen, dass vor ihm ein neuer Reformer wie Peter der Große stand. Vielleicht übernahm Puschkin die Rolle des Fürsprechers für seine Dekabristen-Freunde. Nach dem Gespräch geleitete der Monarch den Dichter in den Saal, in dem sich der Hof versammelt hatte: « Meine Herren, hier sehen Sie den neuen Puschkin, den alten vergessen wir. »

Puschkin versprach, nichts mehr gegen die Regierung zu schreiben, und Nikolaj, die Rolle des ersten Lesers und Zensors zu übernehmen. « Ich habe heute lange mit dem gescheitesten Mann Russlands gesprochen » berichtete Nikolaj von diesem Gespräch.

Puschkin befand sich auf dem Gipfel des Ruhmes. In Sankt Petersburg und in Moskau wurde er mit Begeisterung empfangen, er erntete stürmischen Beifall und wurde überallhin eingeladen.

Ungeachtet des lauten und ungeordneten Lebens, das er führte, und der Lebenslust, Heiterkeit und Leichtigkeit, mit der ihn alle seine Zeitgenossen beschreiben, war es eine Zeit voll von tiefen und fast melancholischen Betrachtungen.

So lösen sich die Verwirrungen
von meiner gepeinigten Seele,
die Sicht auf die frühen,
reinen Ideale wird in ihr frei.

Es war die Zeit der intensivsten inneren Arbeit, des Umdenkens und der Neubewertung. Vom Atheismus Voltaires gelangt Puschkin zu einem tiefen religiösen Gefühl, sein Rufen nach dem Sturz der Monarchie verwandelt sich in die Ansicht, dass ein russischer Bauernaufstand « sinnlos und erbarmungslos » sei, das romantische Lebensgefühl macht einem Realismus Platz, die Verse werden durch Prosa abgelöst, an Stelle der freidenkerischen Lyrik entstehen Gedichte über die wahre, innere Freiheit:

Ины́е, лу́чшие, мне до́роги права́;
Ина́я, лу́чшая, потре́бна мне свобо́да:
Зави́сеть от власте́й, зави́сеть от наро́да –
Не всё ли нам равно́. Бог с ни́ми. Никому́
Отчёта не дава́ть, себе́ лишь самому́
Служи́ть и угожда́ть, для вла́сти, для ливре́й
Не гнуть ни со́вести, ни по́мыслов, ни ше́и …

Пу́шкин обраща́ется к исто́рии Росси́и, собира́ет материа́лы для рома́на о Петре́ Вели́ком, пи́шет по́весть о крестья́нском восста́нии Пугачёва. Он получа́ет от царя́ разреше́ние рабо́тать в архи́вах.

В 1830 году́ он же́нится на восемна́дцатиле́тней Ната́лье Гончаро́вой, пе́рвой моско́вской краса́вице. Поэ́т влюблён и сча́стлив. За шесть лет у них рожда́ется пя́теро дете́й. Но семе́йная жизнь сопровожда́ется и фина́нсовыми пробле́мами, бытовы́ми забо́тами, неуда́чами в изда́тельской де́ятельности, постоя́нными конфли́ктами с ца́рским окруже́нием. Пу́шкин уста́л.

Пора́, мой друг, пора́! Поко́я се́рдце про́сит. …
На све́те сча́стья нет, но есть поко́й и во́ля …
Давно́ зави́дная мечта́ется мне до́ля,
Давно́, уста́лый раб, замы́слил я побе́г …

На шесто́м году́ бра́ка Пу́шкин получа́ет анони́мное письмо́, в кото́ром он на́зван «рогоно́сцем», причём в письме́ намека́ется на внима́ние к его́ жене́ как францу́зского кавалерга́рда Жо́ржа Данте́са, так и царя́. Пу́шкин вызыва́ет на дуэ́ль Данте́са. В январе́ 1837 го́да Пу́шкин стреля́ется и умира́ет в результа́те ране́ния.

«Со́лнце на́шей Поэ́зии закати́лось! … Бо́лее говори́ть о сём не име́ем си́лы, да и не ну́жно; вся́кое Ру́сское се́рдце зна́ет всю це́ну э́той невоз-

Andere, bessere Rechte sind mir teuer,
Ich verlange nach anderer, besserer Freiheit:
Ob man von der Obrigkeit oder vom Volk abhängt
Ist doch einerlei. Gott befohlen. Niemandem
Rechenschaft geben, allein sich selbst [Livree
Zu Diensten und zu Gefallen sein, vor keiner Macht oder
Weder Gewissen, noch Gedanken, noch Genick beugen...

Puschkin beschäftigt sich mit russischer Geschichte, sammelt Material für einen Roman über Peter den Großen und schreibt eine Erzählung über den Bauernaufstand von Pugatschew. Er erhält vom Zaren die Erlaubnis, in den Archiven zu arbeiten.

1830 heiratet er die achtzehnjährige Natalija Gontscharowa, die allererste Moskauer Schönheit. Der Dichter ist verliebt und glücklich. In sechs Jahren bekommen sie fünf Kinder. Aber das Familienleben ist von finanziellen Schwierigkeiten, existentiellen Sorgen und Misserfolgen bei der Herausgabe einer literarischen Zeitschrift begleitet, und auch immer wieder von Konflikten mit dem Hofstaat des Zaren. Puschkin war erschöpft.

Es ist Zeit, mein Lieb! das Herz bittet um Ruhe ...
Auf der Welt gibt es kein Glück, aber Ruhe und freies Wollen
Schon lange träume ich von einem unerhörten Schicksal,
Schon lange denke ich erschöpfter Knecht an Flucht ...

Im sechsten Jahr seiner Ehe erhält Puschkin einen anonymen Brief, in dem er als «gehörnt» bezeichnet wird, wobei in dem Brief auf die Aufmerksamkeit angespielt wird, die seine Frau sowohl bei dem französischen Kavalier George d'Anthes als auch beim Zaren gefunden hat. Puschkin fordert d'Anthes zum Duell, duelliert sich im Januar 1837 und stirbt an der dabei erlittenen Verwundung.

«Die Sonne unserer Dichtung ist untergegangen! ... Mehr können wir nicht über ihn sagen und es wäre auch sinnlos, jedes russische Herz weiß um den hohen Preis dieses unwieder-

врати́мой поте́ри», писа́л в некроло́ге Влади́мир Одо́евский.

«Како́е сча́стье для Росси́и, что Пу́шкин уби́т руко́й иностра́нца, свое́й не нашло́сь», – писа́ла сто лет спустя́ Мари́на Цвета́ева. И ещё: «Ведь Пу́шкина уби́ли потому́, что свое́й сме́ртью он никогда́ бы не у́мер, жил бы ве́чно».

Почему́ же и́мя Пу́шкина, тако́е дорого́е для ру́сских, почти́ неизве́стно на За́паде, а е́сли и изве́стно, то лишь по о́перам «Бори́с Годуно́в», «Пи́ковая да́ма» и «Евге́ний Оне́гин»? Недоста́тка в перево́дах нет. То́лько «Оне́гина» на неме́цкий язы́к переводи́ли трина́дцать раз! В огро́мном большинстве́ слу́чаев перево́ды его́ стихо́в звуча́т, по слова́м одного́ францу́зского перево́дчика, «немно́жко в ду́хе тех рифмо́ванных реце́птов, кото́рые печа́таются у нас на фа́ртуках домохозя́ек». Одна́ко переводи́ть тру́дно не то́лько стихи́, но и про́зу Пу́шкина: теря́ется изя́щность простоты́, остаётся то́лько простота́ – просто́й, бе́дный текст.

Влади́мир Набо́ков, то́нкий стили́ст и знато́к Пу́шкина, перевёл весь рома́н в стуха́х «Евге́ний Оне́гин» ритми́ческой про́зой, наде́ясь, что всю «со́лнечную сто́рону» те́кста мо́жно бу́дет подро́бно объясни́ть «в ты́сяча и одно́м примеча́нии». Своему́ перево́ду Набо́ков предпосла́л «Введе́ние» с описа́нием пу́шкинского те́кста, с расска́зом о том, что «Евге́ний Оне́гин» соде́ржит 5541 стихотво́рную строку́, из кото́рых все, кро́ме восемна́дцати, представля́ют собо́й четырёхсто́пный ямб с чередова́нием же́нской и мужско́й ри́фмы. Он сообща́ет о сло́жных перехо́дах Пу́шкина от одно́й те́мы к друго́й, о стилизо́ванной автобиографи́чности «Оне́гина». За перево́дом сле́дуют два то́ма коммента́риев. И, наконе́ц, что́бы дать англоязы́чному чита́телю почу́вствовать гармо́нию пу́шкинского стиха́, он издаёт вме́сте с перево́дом ру́сский те́кст поэмы,

bringlichen Verlustes» schrieb der Dichter Wladimir Odojewskij in seinem Nekrolog.

«Welch Glück für Russland, dass Puschkin durch einen Ausländer und nicht durch einen Russen umgekommen ist» schrieb Marina Zwetajewna hundert Jahre später. Und weiter: «Puschkin wurde getötet, weil er von selbst nie gestorben wäre, er hätte ewig gelebt.»

Warum aber ist Puschkin, der den Russen so wichtig ist, im Westen fast unbekannt? Warum kennt man ihn, wenn überhaupt, dann nur von den Opern ‹Boris Godunow›, ‹Pique Dame› und ‹Eugen Onegin›? An einem Mangel an Übersetzungen liegt es nicht. Allein der ‹Onegin› wurde dreizehnmal ins Deutsche übersetzt. Aber die meisten Übersetzungen seiner Verse klingen, wie ein französischer Übersetzer sagt, «ein bisschen, wie die gereimten Rezepte, die bei uns auf Hausfrauenschürzen aufgedruckt sind». Nicht nur die Lyrik, sondern auch die Prosa Puschkins ist sehr schwer zu übersetzen; die schlichte Klarheit und Anmut gehen verloren, es bleibt nur die Schlichtheit – ein einfacher, fahler Text.

Wladimir Nabokow, der feine Stilist und Kenner Puschkins, hat den in Versen verfassten Roman ‹Eugen Onegin› wörtlich und in Prosa ins Englische übertragen, in der Hoffnung, dass man die «sonnige Seite» des Textes in «Tausend und einem Kommentar» wiedergeben könne. Seiner Übersetzung hat er eine Einführung vorangestellt mit der Schilderung des puschkinschen Textes, und mit einem Bericht darüber, dass der ‹Eugen Onegin› 5541 Verszeilen enthält, die alle (bis auf achtzehn Zeilen) in vierfüßigen Jamben mit abwechselnd weiblichem und männlichem Reim geschrieben sind. Er erklärt die schwierigen Übergänge Puschkins von einem Thema zum anderen und die stilisiert-autobiografischen Motive im ‹Onegin›. Zu dem Band mit der Übersetzung gibt es zwei Bände Kommentar. Und, zum Schluss, um den englischsprachigen Leser die Musik in den Versen Puschkins spüren zu lassen, überträgt er den russischen Text der Ge-

запи́санный лати́нскими бу́квами. По мне́нию мно́гих, он убеди́тельно доказа́л, что донести́ до иностра́нного чита́теля волшебство́ языка́ Пу́шкина ни с по́мощью перево́да, ни с по́мощью коммента́риев невозмо́жно.

«Черне́ц» Андре́й Рублёв

«Е́сли есть Свята́я Тро́ица Андре́я Рублёва, то зна́чит есть и Бог», – так сформули́ровал ру́сский свяще́нник и фило́соф Па́вел Флоре́нский ещё одно́ эстети́ческое доказа́тельство бытия́ Бо́жия. Для него́ э́та ико́на явля́лась свиде́тельством вечносу́щей красоты́, кото́рую невозмо́жно приду́мать, её мо́жно то́лько созерца́ть. «Тро́ица» – выраже́ние в кра́сках о́пыта духо́вного созерца́ния. Об э́той ико́не напи́сано мно́жество филосо́фских, теологи́ческих, искусствове́дческих рабо́т. Мно́гие ви́дят в ней воплоще́ние ру́сской духо́вности в це́лом.

Рублёв был изве́стен при жи́зни, знамени́т по́сле сме́рти, осо́бо прославля́ем с конца́ XV ве́ка, а с XVI – его́ рабо́ты по реше́нию Стогла́вого собо́ра ста́ли обяза́тельными образца́ми для подража́ния: «писа́ти живопи́сцам ико́ны с дре́вних о́бразов, как гре́ческие живопи́сцы писа́ли, и как писа́л Андре́й Рублёв». В 1988 году́ он был канонизи́рован правосла́вной це́рковью как свято́й.

И́мя Андре́я Рублёва за проше́дшие века́ обросло́ леге́ндами. Достове́рных све́дений о его́ жи́зни, подкреплённых исто́чниками, ма́ло. Скоре́й всего́, роди́лся Рублёв в Моско́вском кня́жестве в 1360 или 1370 году́. Полага́ют, что он стал послу́шником

dichte in lateinische Buchstaben und gibt ihn zusammen mit der Übersetzung heraus. Wie Viele meinen, hat Nabokow damit überzeugend nachgewiesen, dass der Zauber der Sprache Puschkins weder in einer Übersetzung noch in einem Kommentar eingefangen werden kann.

« Der Mönch » Andrej Rubljow

« Es gibt die ‹ Troiza › (Dreifaltigkeit) von Andrej Rubljow, also gibt es Gott » – mit diesen Worten formulierte der russische Priester und Philosoph Pawel Florenskij einen zusätzlichen, einen ästhetischen Gottesbeweis. Für Florenskij war diese Ikone ein Beweis für die ewige Schönheit, die man sich nicht ausdenken kann, die man nur betrachten kann. Und die ‹ Troiza › war für ihn in Farben ausgedrückte Kontemplation. Über diese Ikone haben Philosophen, Theologen und Kunsthistoriker geschrieben. Viele sehen in ihr den Inbegriff der russischen Religiosität.

Schon zu Lebzeiten war Rubljow bekannt, nach seinem Tod wurde er berühmt, seit dem fünfzehnten Jahrhundert hat man ihn glorifiziert und im sechzehnten Jahrhundert wurden seine Werke von dem russisch-orthodoxen Konzil zur verpflichtenden Vorlage für die Ikonenmalerei erklärt: « Ikonenmaler sollen nach den alten Vorbildern malen, so wie früher die griechischen Künstler gemalt haben und wie auch Andrej Rubljow gemalt hat. » 1988 wurde er von der russischen Kirche heiliggesprochen.

Um den Namen Andrej Rubljow haben sich im Laufe der Jahrhunderte unzählige Legenden gerankt. Über sein Leben gibt es wenige Angaben aus verlässlichen Quellen. Wahrscheinlich wurde Rubljow 1360 oder 1370 im Moskauer Fürstentum geboren. Man nimmt an, dass er noch zu der

в Тро́ицком монастыре́ ещё при жи́зни Се́ргия Ра́донежского, с и́менем кото́рого свя́зано духо́вное возрожде́ние Руси́, нача́вшееся по́сле побе́ды над Золото́й ордо́й на Кулико́вом по́ле в 1380 году́. До оконча́тельного освобожде́ния от монго́ло-тата́рского и́га остава́лось ещё сто лет, но ва́жен был о́пыт пе́рвой побе́ды – результа́та объединённых де́йствий ру́сских уде́льных кня́жеств.

Впервы́е и́мя Рублёва упомина́ется в ле́тописи в 1405 году́: «черне́ц (т.е. монах) Андре́й Рублёв распи́сывает Благове́щенский собо́р Моско́вского Кремля́ вме́сте со знамени́тым византи́йским ма́стером, уже́ давно́ рабо́тавшим на Руси́, Феофа́ном Гре́ком». В 1408 он распи́сывает во Влади́мире постро́енный в XII ве́ке Успе́нский собо́р. В 1420-х года́х распи́сывает це́рковь Тро́ицы, возведённую над гро́бом его́ духо́вного учи́теля Се́ргия Ра́донежского в Тро́ице-Се́ргиевом монастыре́ на се́вере от Москвы́. Э́ти ро́списи не сохрани́лись, зато́ сохрани́лась ико́на, напи́санная для э́того собо́ра – та са́мая знамени́тая «Тро́ица». После́дние не́сколько лет Рублёв провёл в Андро́никовом монастыре́, где и сконча́лся в 1430 году́.

Андре́й Рублёв – как и все мона́хи-иконопи́сцы – не подпи́сывал свои́х рабо́т. Ему́ с ра́зной сте́пенью достове́рности припи́сывается о́коло дю́жины сохрани́вшихся ико́н, не́сколько миниатю́р и фрагме́нты фре́сок в трёх монастыря́х. С его́ и́менем свя́зана эпо́ха расцве́та ру́сской ико́нописи, испыта́вшей на себе́ влия́ние византи́йской, но вме́сте с тем созда́вшей ино́й стиль жи́вописи – «све́тло-ра́достный», гармони́ческий, прони́кнутый душе́вностью и осо́бой мя́гкостью. Е́сли ико́ны Феофа́на Гре́ка напомина́ют гре́шникам о гряду́щей распла́те, лик Го́спода – строг и мра́чен, то рублёвские фигу́ры – све́тлые,

Zeit von Sergij Radoneschskij Novize im Dreifaltigkeitskloster wurde, dem Klostervorsteher, mit dessen Namen das geistige Aufblühen Russlands nach dem Sieg über die «Goldenen Horden» auf dem Schnepfenfeld (1380) verbunden ist. Bis zur endgültigen Befreiung von dem mongolisch-tatarischen Joch vergingen weitere hundert Jahre, aber entscheidend war die Erfahrung des ersten Sieges, Ergebnis des ersten gemeinsamen Kampfes aller russischer Fürstentümer.

Zum ersten Mal wird der Name Rubljow 1405 in den Chroniken erwähnt: «Der Mönch Andrej Rubljow malt die Kathedrale Mariä Verkündigung im Moskauer Kreml aus, zusammen mit Feofan Grek, einem berühmten byzantinischen Meister, der schon lange in Russland arbeitet.» 1408 gestaltet er in Wladimir die im zwölften Jahrhundert gebaute Kathedrale Mariä Entschlafen. Um 1420 wird er beauftragt, im Dreifaltigkeitskloster nördlich von Moskau eine Kirche auszumalen, die über dem Sarg Sergej Radoneschskij, seines Vaters im Geiste, errichtet worden ist. Diese Fresken sind nicht erhalten, aber es gibt noch eine Ikone, die Andrej Rubljow für diese Kirche gemalt hat – die berühmte ‹Troiza›. Seine letzten Jahre verbrachte Rubljow im Andonikow-Kloster, wo er 1430 starb.

Andrej Rubljow hat – wie alle ikonenmalenden Mönche – seine Arbeiten nicht signiert. Ihm werden mit abgestufter Wahrscheinlichkeit etwa ein Dutzend der erhaltenen Ikonen sowie einige Miniaturen und die Fragmente von Fresken in drei Klöstern zugeschrieben. Mit seinem Namen ist die Blütezeit der russischen Ikonenmalerei verbunden, in der zwar Einflüsse der byzantinischen Kunst aufgegriffen werden, aber dennoch ein eigener Stil entsteht: mit hellen Farben, voll stiller Freude, Harmonie, herzlich und besonders sanft. Während die Ikonen des Feofan Grek den Sünder an das Jüngste Gericht gemahnen (das Antlitz Gottes ist streng und finster), wirken die Gestalten Rubljows hell,

умиротворённые, погружённые в состоя́ние безмо́лвного созерца́ния. «Стра́шен во гне́ве бог!» – грози́ли фре́ски до Рублёва. «Госпо́дь добр и ми́лостив!» – утвержда́ла рублёвская ико́нопись. Прони́занные све́том фре́ски напомина́ют флоренти́йские ро́списи ра́ннего Ренесса́нса.

Прису́щая ико́нам Рублёва созерца́тельная глубина́ свя́зана с уче́нием об исиха́зме, официа́льно при́знанным в 1351 году́ правосла́вной це́рковью и получи́вшем в то вре́мя широ́кое распростране́ние. В э́той специа́льной мисти́ческой пра́ктике правосла́вных мона́хов применя́лась безмо́лвная моли́тва ра́ди созерца́ния Боже́ственного све́та. Рабо́та над ико́ной в тишине́ мона́шеской ке́льи создава́ла для э́того все усло́вия.

Тво́рчество Рублёва сыгра́ло ва́жную роль в ру́сском богосло́вии и филосо́фии. Его́ рабо́ты рассма́тривались как выраже́ние ру́сского религио́зного созна́ния. Ру́сские фило́софы спустя́ столе́тия по́сле Рублёва в свои́х труда́х ука́зывали тот же путь позна́ния Бо́га и представля́ли тот же идеа́л, кото́рый Рублёв вы́разил живопи́сными сре́дствами.

Искусствове́д Михаи́л Алпа́тов писа́л: «Иску́сство Рублёва – это пре́жде всего́ иску́сство больши́х мы́слей, глубо́ких чувств, сжа́тое ра́мками лакони́чных о́бразов-си́мволов, иску́сство большо́го духо́вного содержа́ния». Вся́кая фо́рма предстаёт у Андре́я Рублёва преображённой, одухотворённой. Э́то достига́ется приёмами, характе́рными для византи́йского иску́сства: лакони́чные ко́нтуры и силуэ́ты, придаю́щие фигу́рам невесо́мость; параболи́ческие ли́нии, настра́ивающие на созерца́ние; то́нкие очерта́ния скла́док оде́жд; светова́я насы́щенность ка́ждого цве́та, де́лающая колори́т сияю́щим. Рублёв добавля́ет сюда́ но́вые приёмы, де́лая поворо́ты фигу́р и накло́ны голо́в – мя́гкими, одея́ния – возду́шными, кра́сочную га́мму –

versöhnlich, ruhig und in stille Betrachtung versunken. « Zittere vor dem Zorn Gottes ! », drohten die Fresken vor Rubljow. « Der Herr ist gut und gnädig ! » versichern dagegen die Rubljow'schen Ikonen. Seine lichtdurchfluteten Fresken erinnern an die florentinischen Malereien aus der frühen Renaissance.

Die für Rubljows Ikonen charakteristische stille Versunkenheit wird von den Wissenschaftlern auf den « Hesychasmus » (« esychia » bedeutet « Ruhe ») bezogen, der 1351 von der russisch-orthodoxen Kirche ausgerufen worden und zu dieser Zeit weit verbreitet war. Bei dieser besonderen Form der mystischen Übung fassten orthodoxe Mönche ihre Freude an der Herrlichkeit von Gottes Welt in schweigendes Gebet. Die Arbeit an der Ikone in der stillen Mönchszelle war dafür die beste Voraussetzung.

Die Werke Rubljows spielten in der russischen Theologie und Philosophie eine große Rolle. Seine Arbeiten repräsentierten die Entwicklung eines russischen religiösen Bewusstseins. Die russischen Philosophen haben viele Jahrhunderte später in ihren Werken denselben Weg der Gotteserkenntnis aufgezeigt und dasselbe Ideal formuliert, das Rubljow mit künstlerischen Mitteln ausgedrückt hatte.

Der Kunsthistoriker Michail Alpatow schrieb : « Die Kunst Rubljows ist die Kunst der großen Gedanken und tiefen Gefühle, dargestellt in einfachen, klaren Bildersymbolen, es ist eine Kunst erfüllt von Seele und Geist. » Jede Form wird bei Rubljow verklärt und vergeistigt. Dies hat er mit den speziellen Kunstgriffen erreicht, die für die byzantinische Schule charakteristisch sind : durch vereinfachte Darstellung der Konturen und Silhouetten, welche die Figuren schwerelos erscheinen lässt, durch Ellipsen, die auf die Meditation einstimmen, durch die feinen Linien der Kleiderfalten und das große Spektrum von sehr hellen Farben, die das Bild leuchten lassen. Rubljow entwickelte einen neuen Stil, die Haltung der Figuren und die Neigung der

светлой и нежной. Иконы писались по узаконенным образцам-прописям. Но для Рублёва канон был не препятствием, а отправной точкой: в рамках заданного сюжета и композиции он мог целиком сосредоточиться на высшем духовном смысле своего труда, стремясь передать с помощью тончайших нюансов цвета, света и линий идею согласия, сострадания, милосердия, долготерпения, жертвенности и покорности.

«Отец советской водородной бомбы» Андрей Сахаров

Его детство прошло, по его собственным словам, в атмосфере «постоянного деятельного трудолюбия и уважения к трудовому умению, взаимной семейной поддержки, любви к литературе и науке». Сначала образованием сына занимался отец – преподаватель физики. В 1938 он с отличием окончил школу, а затем тоже с отличием физический факультет Московского университета. В 1948 году был включён в группу физиков по разработке термоядерного оружия. В течение последующих двадцати лет работал над созданием нового оружия на сверхсекретном объекте «Арзамас-16».

В 1953 году, после испытания первой водородной советской бомбы, тридцатидвухлетний Андрей Дмитриевич Сахаров был избран действительным членом Академии наук со словами: «Этот человек сделал для обороны нашей Родины больше, чем мы все, присутствующие здесь». В 1956 была испытана вторая бомба, а в 1961 году

Köpfe wurde natürlich, die Kleidung luftig, die Farbskala hell und zart. Ikonen wurden streng nach einem vorgegebenen Muster gemalt. Aber für Rubljow war diese Reglementierung nicht Hindernis, sondern Ausgangspunkt. Im Rahmen des vorgegebenen Motivs und der vorgegebenen Komposition konnte er sich ganz auf den geistigen Sinn seiner Arbeit konzentrieren und mithilfe feiner Nuancen von Farbe, Licht und Linie eine Ahnung von Versöhnung, Mitleid, Barmherzigkeit, Langmut, Opferbereitschaft und Demut vermitteln.

Der «Vater der sowjetischen Wasserstoffbombe» Andrej Sacharow

Die Kindheit verbrachte er, wie er selbst sagt, in einer Atmosphäre der «ständigen engagierten Tätigkeit, der Hochschätzung des beruflichen Könnens, der gegenseitigen Unterstützung aller Familienmitglieder und der gemeinsamen Liebe zur Literatur und den Naturwissenschaften». Seine Ausbildung übernahm von Anfang an der Vater, ein Physikprofessor. 1938 schloss er die Schule mit Auszeichnung ab, genauso gut dann das Physikstudium an der Moskauer Universität. 1948 wurde er in die Gruppe von Physikern aufgenommen, die thermonukleare Waffen entwickelten. Damit war er in den folgenden zwanzig Jahren befasst, und zwar in dem «höchst geheimen» Projekt in der geschlossenen Stadt ARSAMAS-16 (einem ehemaligen Kloster).

1953, nach dem ersten sowjetischen Wasserstoffbombentest, wurde Andrej Dimitrijewitsch Sacharow mit zweiunddreißig Jahren mit folgender Begründung zum ordentlichen Mitglied der Akademie der Wissenschaften ernannt: «Dieser Mann hat für die Verteidigung unseres Vaterlandes mehr getan, als wir alle, die wir hier anwesend sind, zusammen.» 1956 konnte die zweite Bombe getestet werden und 1961

над островом Новая Земля была взорвана бомба мощностью в пятьдесят мегатонн, что в несколько раз превышало мощность всех взорванных когда-либо в истории человечества бомб, включая Хиросиму (пятнадцать килотонн). Световая вспышка была видна на расстоянии тысячи километров, а образовавшийся гриб вырос на шестьдесят семь километров. Взрывная волна трижды обогнула земной шар.

Сахаров, создатель всех трёх моделей водородной бомбы, стал трижды Героем Социалистического труда, лауреатом Ленинской и Государственной премий. Последовали награды, почести, привилегии. Свою работу над бомбой сам Сахаров считал правильной и полезной: это был его ответ на разработки и испытания американского термоядерного оружия, начатые уже в сороковые годы. «Для предотвращения мировой катастрофы, – говорил учёный, – нельзя было допустить сосредоточения сверхоружия в одних руках».

Однако уже с середины пятидесятых годов Сахаров задумывается о последствиях испытаний этого оружия. Он оценил количество «косвенных жертв» каждого испытания (около десяти тысяч случаев онкологических заболеваний) и ужаснулся.

В 1958 году появились две статьи Сахарова о действии радиоактивных испытаний на наследственность и продолжительность жизни. Сначала в роли ведущего научного эксперта Сахаров пытается повлиять на моратории на испытание ядерного оружия. Его предложения ложатся в основу Московского договора 1963 году о запрещении испытаний в атмосфере, в космосе и под водой.

Однако в остальном его усилия безуспешны, постепенно он становится неудобным для властей. «У меня было ужасное чувство бессилия. После этого

wurde über der Insel Nowaja Semlja eine Bombe mit einer Sprengkraft von fünfzig Megatonnen abgeworfen, deren Gewalt die aller bisher zur Explosion gebrachten Bomben zusammen um ein Vielfaches übertraf, die Bombe von Hiroshima (fünfzehn Kilotonnen Sprengkraft) mit eingerechnet. Der Explosionsblitz war noch in einer Entfernung von tausend Kilometern sichtbar, der Atompilz wuchs bis siebenundsechzig Kilometer in die Höhe. Die Explosionswelle lief dreimal um die Erde.

Sacharow, der alle drei Wasserstoffbomben-Modelle konstruiert hatte, wurde zum dritten Mal «Held der Sozialistischen Arbeit» und Träger des Lenin- und des Staatspreises (der höchsten Auszeichnungen der Sowjetunion). Es folgten Belohnungen, Ehrungen und Privilegien. Sacharow selbst hielt seine Arbeit an der Bombe für richtig und nützlich: Sie war seine Antwort auf die Entwicklung der amerikanischen thermonuklearen Waffen, die Mitte der vierziger Jahre begonnen hatte. Sacharows Argument lautete: «Um eine weltweite Katastrophe verhüten zu können, muss man die Anhäufung von Waffen in einer Hand verhindern.»

Doch bereits Mitte der fünfziger Jahre dachte Sacharow auch über die Folgen dieser Bombentests nach. Er schätzte die Zahl der «indirekten Opfer» eines Tests ab (rund zehntausend Fälle von Krebserkrankungen) und war erschüttert.

1958 erschienen zwei Artikel von ihm über die Auswirkungen der radioaktiven Versuche auf das Erbgut und die Lebenserwartung der Menschen. Sacharow versucht zunächst in seiner Rolle als führender wissenschaftlicher Experte ein Moratorium gegen Atombombentests zu erreichen. Sein Antrag ist 1963 die Grundlage für den Moskauer Vertrag über das Verbot von Atomtests in der Atmosphäre, im Weltraum und unter Wasser.

Sacharows weitere Bemühungen sind aber erfolglos, allmählich wird er den Machthabern unbequem. «Ich fühlte mich schrecklich ohnmächtig. Seitdem bin ich ein anderer

я стал други́м челове́ком». Е́сли внача́ле Са́харов и пита́л ещё каки́е-то иллю́зии в отноше́нии сове́тской систе́мы, то к 1968 го́ду он от них изба́вился. Он начина́ет выступа́ть в ро́ли «публи́чного поли́тика». За рубежо́м выхо́дит его́ статья́ «Размышле́ния о прогре́ссе, ми́рном сосуществова́нии и интеллектуа́льной свобо́де», где он говори́т о том, что еди́нственной надёжной осно́вой междунаро́дной безопа́сности мо́жет быть обеспече́ние прав отде́льного челове́ка. «Э́то выступле́ние ста́ло поворо́тным во всей моей дальне́йшей судьбе́». Са́харов отстранён от секре́тных рабо́т и «отлучён» от привиле́гий сове́тской «номенклату́ры». Гла́вным в его́ жи́зни стано́вится защи́та прав челове́ка, в осо́бенности жёртв полити́ческих репре́ссий. В круга́х правозащи́тников он познако́мился с Елёной Бо́ннер, ста́вшей для него́ сора́тником и люби́мым челове́ком. В 1970 Са́харов осно́вывает Моско́вский комите́т по права́м челове́ка. Он пи́шет пи́сьма в сове́тские инста́нции и междунаро́дные организа́ции, сиди́т в за́лах суда́, е́здит в места́ ссы́лок, объявля́ет голодо́вки (са́мая дли́тельная, зако́нчившаяся принуди́тельным кормле́нием, продолжа́лась 187 дней), созыва́ет конфере́нции. В 1973 году́, по́сле да́нного им для За́пада интервью́ о приро́де сове́тского стро́я, давле́ние на Са́харова превраща́ется в откры́тую тра́влю. В 1975 году́ он получа́ет Но́белевскую пре́мию ми́ра, кото́рая вруча́ется его́ жене́, так как вла́сти не выпуска́ют его́ за грани́цу. Он откры́то выступа́ет про́тив введе́ния в 1979 году́ войск в Афганиста́н, призыва́ет мир бойкоти́ровать Олимпиа́ду 1980 го́да в Москве́. Его́ лиша́ют всех прави́тельственных награ́д и высыла́ют в закры́тый для иностра́нцев го́род Го́рький.

До 1986 го́да, когда́ в его́ кварти́ре разда́лся телефо́нный звоно́к и Горбачёв позво́лил ему́ верну́ться в Москву́, он живёт под надзо́ром мили́ции в усло́виях

Mensch geworden.» Hatte er anfangs und lange Jahre hindurch Illusionen über das sowjetische System gehabt, so war er spätestens 1968 von ihnen geheilt. Er beginnt als «öffentlicher Politiker» aufzutreten. Im Ausland erscheint sein Artikel ‹Betrachtungen zum Fortschritt, zur friedlichen Koexistenz und zur intellektuellen Freiheit›, in dem er ausführt, dass die einzige beständige Grundlage für die internationale Sicherheit die Gewährleistung der Rechte des einzelnen Menschen sei. «Dieser Auftritt war die Wende hin zu meinem weiteren Schicksal.» Sacharow wird aus dem geheimen Atomwaffenprogramm entlassen, und von allen Privilegien der sowjetischen «Nomenklatura» ausgeschlossen. Zu seinem Lebensinhalt wird jetzt der Schutz der Menschenrechte, besonders der Schutz der Rechte von Opfern politischer Repressionen. Ein Kreis von Bürgerrechtlern bringt ihn mit Elena Bonner zusammen, die seine Mitstreiterin und Ehefrau wird. 1970 gründet Sacharow das Moskauer Komitee für Menschenrechte. Er schreibt Briefe an sowjetische Behörden und internationale Organisationen, sitzt in Gerichtssälen, fährt an Verbannungsorte, erklärt den Hungerstreik (ein besonders langer, 187 Tage, wird durch Zwangsernährung beendet), beruft Konferenzen ein. 1973, nach einem Interview für den Westen über die Natur des Sowjetregimes, entwickelt sich der Druck auf ihn zu einer unverhohlenen Hetzjagd. 1975 erhält Sacharow den Friedensnobelpreis, den seine Frau entgegennimmt, weil er nicht ausreisen darf. Sacharow tritt 1979 offen gegen den Einmarsch der Truppen in Afghanistan ein und ruft die Welt zu einem Boykott der Olympischen Spiele 1980 in Moskau auf, woraufhin ihm alle staatlichen Auszeichnungen entzogen werden. Er selbst wird in die für Ausländer gesperrte Stadt Gorkij verschickt.

1986 klingelte eines Tages sein Telefon, und Gorbatschow erlaubte ihm, nach Moskau zurückzukehren. Jahrelang lebt er unter Aufsicht der Miliz, nahezu vollständig isoliert. Auf

почти́ по́лной изоля́ции. В разга́р перестро́йки, в ма́рте 1989 го́да Саха́ров был и́збран наро́дным депута́том, стал одни́м из ли́деров межрегиона́льной рабо́чей гру́ппы, ста́вящей свое́й це́лью измене́ние Конститу́ции. 14 декабря́ 1989, по́сле осо́бенно бу́рного обсужде́ния в Верхо́вном Сове́те, Андре́й Дми́триевич Са́харов сконча́лся в Москве́ от разры́ва се́рдца.

«Моско́вский Ме́дичи» Са́вва Ма́монтов

«Вся́кий граждани́н до́лжен труди́ться для по́льзы свое́й семьи́, обще́ственной и оте́чественной» – так учил ста́рший Ма́монтов, купе́ц пе́рвой ги́льдии и дире́ктор пе́рвого ру́сского ча́стного о́бщества по строи́тельству желе́зных доро́г, своего́ сы́на Са́вву. Са́вве бы́ло предназна́чено продо́лжить де́ло отца́. Но бо́льше, чем учёба на инжене́ра, увлека́ла его́ му́зыка и теа́тр: он брал уро́ки пе́ния, игра́л на пиани́но, не пропуска́л ни одного́ спекта́кля и уча́ствовал в театра́льном кружке́. Когда́ увлече́ния сы́на ста́ли перераста́ть в театра́льную карье́ру, оте́ц отпра́вил сы́на пода́льше от столи́цы – на Кавка́з, а зате́м – в Пе́рсию. Отту́да он верну́лся в Москву́ уже́ успе́шным купцо́м, но вслед за тем пережи́л ещё одно́ искуше́ние иску́сством: изуча́я год спустя́ торго́влю шёлком в Мила́не, он чуть не стал о́перным певцо́м.

В 1865 году́ двадцатичетырёхле́тний Ма́монтов же́нится и обзаво́дится до́мом в це́нтре Москвы́. Молодожёнов объединя́ет любо́вь к иску́сству, интере́с к исто́рии, жела́ние акти́вно уча́ствовать в культу́рной жи́зни Росси́и. В Москве́ и во вре́мя ча́стых

dem Höhepunkt der Perestroijka, im März 1989, wurde Sacharow zum Volksdeputierten gewählt und nahm eine führende Rolle in einer interregionalen Arbeitsgruppe von Radikalreformern ein, die die Veränderung der sowjetischen Verfassung anstrebten. Nach einer heftigen Auseinandersetzung im Obersten Sowjet starb Sacharow am 14. Dezember 1989 an Herzversagen.

«Der Moskauer Mediceer» Sawwa Mamontow

«Jeder Bürger sollte fleißig arbeiten: zum Wohle seiner Familie, der Gesellschaft und des Vaterlands» – so belehrte der alte Mamontow, ein Kaufmann der ersten Gilde und Direktor der ersten russischen privaten Eisenbahngesellschaft, seinen Sohn. Sawwa war ausersehen, das Werk seines Vaters weiterzuführen. Ihn interessierten aber die Musik und das Theater mehr als sein Ingenieursstudium: Er hatte Gesangsunterricht, spielte Klavier, ließ keine Theatervorstellung aus, und war Mitglied eines Theaterzirkels. Als die Theaterbegeisterung des Sohnes in eine Schauspielerkarriere zu münden drohte, schickte ihn der Vater möglichst weit von der Hauptstadt weg, zunächst in den Kaukasus und dann nach Persien. Von dort kehrte Sawwa Iwanowitsch als bereits erfolgreicher Kaufmann zurück. Als er ein Jahr später in Mailand den Seidenhandel erlernte, war er doch noch einmal in künstlerischer Versuchung: Er wäre beinahe Opernsänger geworden.

1865 heiratet der vierundzwanzigjährige Sawwa Mamontow und kauft ein Haus im Zentrum der Stadt. Die Neuvermählten verbindet die Liebe zur Kunst, das Interesse an Geschichte und der Wunsch, am kulturellen Leben Russlands aktiv teilzunehmen. In Moskau und auf ihren häufigen

путешествий в Италию, они завязывают знакомства с начинающими художниками, музыкантами, артистами театра. За несколько лет их дом становится одним из главных центров московской художественной жизни. Савва Иванович и его жена Елизавета Григорьевна радушно принимают гостей, помогают им в их начинаниях, увлекают их своими идеями создания русского национального искусства.

С не меньшим увлечением Савва Иванович занимается и предпринимательской деятельностью. После смерти отца к нему перешли отцовские акции и пост директора Северной железной дороги. Он продлевает Ярославскую дорогу на север до Архангельска, строит Донецкую каменноугольную железную дорогу на юге. Это приносит ему всероссийскую известность. Мамонтов живёт постоянной потребностью создавать нечто грандиозное. В расширении сети железных дорог он видел будущее страны. Оно давало возможность освоить огромную территорию России, покончить с зависимостью от Запада, обеспечить безлюдные регионы, повысить уровень жизни россиян.

Людей, знавших Мамонтова, поражало то, как в этом человеке уживаются столько талантов, энергии, купеческого расчёта и сердечного тепла.

Для растущей семьи (у Мамонтовых было пятеро детей) Савва Иванович и Елизавета Григорьевна приобретают летнее имение – усадьбу Абрамцево, построенную ещё в XVIII веке и знаменитую тем, что здесь гостили Николай Гоголь, Иван Тургенев и другие знаменитости, а также тем, что здесь собирался кружок «славянофилов», сформулировавших идею об «особом пути России», о необходимости сохранения своеобразия русской культуры и языка.

Постоянными гостями в Абрамцево, проводящими

Reisen nach Italien schließen sie Bekanntschaft mit angehenden Malern, Musikern und Schauspielern. Innerhalb kürzester Zeit wird ihr Haus zum Mittelpunkt des Moskauer künstlerischen Lebens. Sawwa Iwanowitsch Mamontow und seine Frau Elisaweta Grigorjewna empfangen ihre Gäste sehr herzlich, unterstützen sie in ihren künstlerischen Vorhaben und überzeugen sie von ihrer Idee, eine russische nationale Kunst zu schaffen.

Mit demselben Enthusiasmus widmet sich Sawwa Iwanowitsch jetzt auch dem vom Vater geerbten Unternehmen. Er übernimmt dessen Position als Direktor der Nordeisenbahn, erweitert die Linie Moskau-Jaroslawl bis nach Archangelsk und baut die Donezker Steinkohle-Bahn im Süden Russlands, was ihn in ganz Russland berühmt macht. Mamontow lebt in dem dauernden Bestreben, etwas Grandioses zu schaffen. Er sah in der Erweiterung des Eisenbahnnetzes die Zukunft des Landes. Durch die Eisenbahn würde die Möglichkeit geschaffen, das riesige Territorium Russland zu erschließen, die Abhängigkeit vom Westen zu beenden, menschenleere Regionen zu besiedeln und den Lebensstandard der Russen zu heben.

Diejenigen, die Mamontow kannten, staunten, dass ein Mensch so viel Talent, Energie, unternehmerischen Verstand und Herzenswärme in sich vereinen konnte.

Für die wachsende Familie – Sawwa Iwanowitsch und Elisaweta Grigorjewna hatten fünf Kinder – erwirbt das Paar einen Sommersitz, das Landgut Abramzewo. Das Haus war schon im achtzehnten Jahrhundert erbaut worden und bekannt dafür, dass dort früher Berühmtheiten wie Nikolaj Gogol und Iwan Turgenjew als Gäste weilten, und dass dort die Bewegung der «Slawophilen» entstanden war, die die Idee von «Russlands eigenem Weg» formuliert und gefordert hatten, dass die Einzigartigkeit der russischen Kultur und Sprache erhalten bleiben müsse.

Als ständige Gäste verbrachten nun die Maler Wiktor

здесь ле́тние ме́сяцы, ста́ли худо́жники Ви́ктор Васнецо́в, Илья́ Ре́пин, Васи́лий Поле́нов, Михаи́л Вру́бель, Валенти́н Серо́в. Со вре́менем здесь сложи́лась «коло́ния худо́жников» – Абра́мцевский кружо́к. Сюже́тами их карти́н служи́ли страни́цы ру́сской исто́рии, ру́сские наро́дные ска́зки; портре́ты изобража́ли истори́ческих ли́чностей, а пейза́жи запечатлева́ли абра́мцевские окре́стности. Ма́монтов, кото́рого ста́ли называ́ть «моско́вским Ме́дичи» и́ли «Са́ввой великоле́пным» (как Лоре́нцо Ме́дичи «il Magnifico»), облада́л настоя́щим чутьём на тала́нты, он «откры́л» для Росси́и имена́, без кото́рых сего́дня невозмо́жно предста́вить себе́ ру́сское иску́сство второ́й полови́ны XIX ве́ка. Сам он занима́лся ле́пкой, пе́нием и игро́й на роя́ле. Его́ жена́ собира́ла предме́ты крестья́нского бы́та и основа́ла произво́дство ме́бели и посу́ды по наро́дным образца́м. В Абра́мцево «родила́сь» и знамени́тая ру́сская матрёшка. Кто́-то привёз из Япо́нии Ма́монтовым в пода́рок деревя́нную фигу́рку будди́стского свяго́го, внутри́ кото́рой находи́лось ещё четы́ре вло́женные друг в дру́га фигу́рки. Родила́сь иде́я сде́лать из э́того игру́шку. Ку́колку расписа́ли как дереве́нскую де́вочку Матрёну. Матрёшки ста́ли продава́ться в магази́не «Де́тское воспита́ние», принадлежа́вшем Ма́монтовым, и ско́ро они́ ста́ли са́мой популя́рной игру́шкой, а по́сле Всеми́рной вы́ставки в Пари́же и визи́тной ка́рточкой Росси́и.

Но са́мой большо́й стра́стью Ма́монтова со вре́менем стал дома́шний театр. В постано́вке спекта́клей, созда́нии костю́мов, декора́ций и му́зыки к ним принима́ла уча́стие многочи́сленная родня́, де́ти и чле́ны Худо́жественного кружка́. Из э́тих люби́тельских спекта́клей возни́кла пе́рвая

Wasnezow, Ilja Repin, Wassilij Polenow, Michail Wrubel und Walentin Serow in Abramzewo die Sommermonate. Mit der Zeit bildete sich dort eine Künstlerkolonie, der «Abramzew-Kreis». Motive der Bilder dieser Künstler sind Ereignisse aus der russischen Geschichte und russische Volksmärchen, ihre Portraits stellen historische Persönlichkeiten dar und ihre Landschaftsgemälde zeigen die Umgebung von Abramzewo. Mamontow wurde jetzt der «Moskauer Mediceer» oder «Sawwa der Prächtige» (in Anlehnung an Lorenzo de Medici «il Magnifico») genannt. Er besaß ein unfehlbares Gespür für Talente, er entdeckte für Russland Künstler, ohne die man sich heute die russische Kunst der zweiten Hälfte des neunzehnten Jahrhunderts nicht mehr vorstellen kann. Aber er war nicht nur Mäzen, sondern bewies auch künstlerisches Talent als Bildhauer, Sänger und Pianist. Seine Frau sammelte Alltagsgegenstände aus den umliegenden Dörfern und gründete eine Werkstatt zur Herstellung von Möbeln und Geschirr nach volkstümlichen Mustern. In Abramzewo wurde auch die berühmte russische Matrjoschka «geboren». Irgendjemand hatte Mamontow aus Japan eine Holzfigur eines buddhistischen Heiligen als Geschenk mitgebracht. In ihrem Inneren waren vier weitere Holzfiguren ineinandergeschachtelt. Daraus entstand die Idee für ein Kinderspielzeug. Die Puppe wurde bemalt wie das Bauernmädchen Matrjona. Die Matrjoschkas wurden in Mamontows Laden «Kindererziehung» verkauft. Sie wurden bald zum beliebtesten russischen Spielzeug und nach der Weltausstellung in Paris geradezu das Markenzeichen Russlands.

Die allergrößte Leidenschaft Mamontows galt jetzt seinem Laientheater. Seine Kinder, die Verwandtschaft und die Mitglieder des Künstlerkreises beteiligten sich an der Inszenierung der Stücke. Alle arbeiteten zusammen an den Kostümen und dem Bühnenbild, komponierten die Musik. Aus diesen Vorstellungen auf der Bühne des Abramzewo-

ча́стная Ру́сская о́пера: в 1885 году́ Ма́монтов откры́л теа́тр, бро́сивший вы́зов Императо́рскому, кото́рый ста́вил о́перы то́лько италья́нских компози́торов. Взяв на себя́ фина́нсовые расхо́ды и рабо́ту по созда́нию теа́тра, по по́иску компози́торов и певцо́в, утвержде́нию и постано́вке репертуа́ра, Ма́монтов положи́л нача́ло разви́тию ру́сского о́перного иску́сства, сде́лал популя́рными Моде́ста Му́соргского и Никола́я Ри́мского-Ко́рсакова, разрабо́тал но́вую конце́пцию декора́ций – они́ создава́лись изве́стными худо́жниками вме́сто пре́жних реме́сленников. Он был основа́телем но́вой шко́лы театра́льной игры́, кото́рую пото́м переня́л двою́родный брат жены́ Ма́монтова – реформа́тор теа́тра Константи́н Станисла́вский. Продолже́нием Ча́стной о́перы Ма́монтова ста́ли Ру́сские сезо́ны Серге́я Дя́гилева в Пари́же, познако́мившие Евро́пу с ру́сским о́перным и бале́тным иску́сством.

Всё неожи́данно оборвало́сь оди́ннадцатого сентября́ 1899 го́да: Ма́монтов был аресто́ван по подозре́нию в фина́нсовых махина́циях. Для бо́льшего униже́ния его́ провели́ че́рез всю Москву́ к тюрьме́ пешко́м в сопровожде́нии двух полице́йских.

В чём бы́ло де́ло?

Са́вва Ма́монтов был не то́лько увлечённым покло́нником иску́сства, но и аза́ртным предпринима́телем, убеждённым в своей правоте́ и в жела́нии модернизи́ровать эконо́мику Росси́и. В 1890-х года́х он на́чал созда́ние конгломера́та промы́шленных и тра́нспортных предприя́тий. Купи́л и арендова́л не́сколько заво́дов, тре́бующих огро́мных капиталовложе́ний. Он предприня́л не́сколько риско́ванных шаго́в, в ча́стности, переводи́л де́ньги для объедине́ния и реконстру́кции

Hauses entstand später die erste «Private Russische Oper». Als Mamontow sein Operntheater 1885 eröffnete, forderte er damit das Staatstheater heraus, das bis dahin ausschließlich Opern italienischer Komponisten gespielt hatte. Er übernahm die Gründung und die Finanzierung des Theaters, die Erstellung des Spielplans, die Suche nach Komponisten und Sängern und die Inszenierung. Damit legte er den Grundstein für die Entwicklung der russischen Opernkunst. Er machte Mussorgskij und Rimskij-Korsakow bekannt und entwickelte ein neues Konzept zur Bühnenbildgestaltung: Das Bühnenbild wurde nun durch bekannte Maler anstelle der früher üblichen Handwerker entworfen. Mamontow gründete eine neue Schauspielschule, die später von seinem Schwager Konstantin Stanislawskij, dem großen Theater-Reformer, übernommen wurde. Auch Sergej Djagilews «Saisons Russes» in Paris, die Anfang des zwanzigsten Jahrhunderts die russische Opern- und Ballettkunst in Westeuropa bekannt machten, haben sich aus der «Privaten Russischen Oper» entwickelt.

Das alles fand im September 1899 ein plötzliches Ende: Mamontow wurde finanzieller Machenschaften verdächtigt und verhaftet. Um ihn besonders zu demütigen, führten ihn zwei Polizisten zu Fuß durch ganz Moskau.

Was war der Grund?

Mamontow war nicht nur ein begeisterter Kunstförderer, sondern auch ein leidenschaftlicher Unternehmer. Er wollte die Wirtschaft Russlands modernisieren und war von der Rechtmäßigkeit seines Tuns überzeugt. 1890 hatte er damit begonnen, verschiedene Industrie- und Transportunternehmen zusammenzuführen. Er kaufte und pachtete mehrere Fabriken, für deren Modernisierung große Investitionen nötig waren. Mamontow unternahm einige riskante Schritte, verwendete unter anderem das Geld der Eisenbahngesellschaft für die Zusammenlegung und die Rekonstruktion

заво́дов со счето́в желе́зной доро́ги, что бы́ло наруше́нием зако́на, хотя́ и то, и друго́е принадлежа́ло ему́.

Сле́дствие продолжа́лось почти́ год. Благодаря́ стара́ниям лу́чшего моско́вского адвока́та он был опра́вдан. «Зал дро́гнул от рукоплеска́ний. Не могли́ останови́ть ова́ций и толпы́, кото́рая бро́силась со слеза́ми обнима́ть своего́ люби́мца».

Тем не ме́нее, суд призна́л Ма́монтова несостоя́тельным должнико́м и его́ иму́щество пошло́ с молотка́. Желе́зные доро́ги перешли́ в ру́ки госуда́рства. Ему́ уже́ не удало́сь опра́виться от э́того уда́ра.

Оста́ток жи́зни он провёл за́мкнуто, в бе́дности и забве́нии, рабо́тая в свое́й гонча́рной мастерско́й. Ма́монтов у́мер в 1918 году́, вско́ре по́сле револю́ции.

Жена́ «декабри́ста» Екатери́на Трубецка́я

Де́тство Екатери́ны Лава́ль – Ката́ши – протека́ло сча́стливо и безо́блачно. «По приро́де весёлая, она́ в разгово́ре обнару́живала изы́сканность и оригина́льность мы́сли . . . В обраще́нии она́ была́ благоро́дно проста́. Правди́вая, и́скренняя, увлека́ющаяся, подча́с вспы́льчивая, она́ была́ щедра́ до кра́йности».

Она́ была́ до́черью францу́зского эмигра́нта. Её оте́ц Жан Лава́ль поки́нул родну́ю Фра́нцию в нача́ле револю́ции 1789 го́да. Его́ ру́сская жена́, происходи́вшая из бога́того купе́ческого ро́да и владе́вшая заво́дами, золоты́ми при́исками и не́сколькими име́ниями, «одолжи́ла» королю́ Людо́вику XVIII три́ста ты́сяч фра́нков, за что её муж получи́л гра́фский ти́тул.

der Fabriken, was – obwohl ihm beides gehörte – gegen das Gesetz verstieß.

Der Prozess dauerte fast ein Jahr. Dank der Bemühungen des besten Moskauer Rechtsanwalts wurde Mamontow vom Vorwurf straffälliger Handlungen freigesprochen. «Der Saal bebte unter dem Applaus. Die Ovationen und das Gedränge konnten nicht aufgehalten werden, alle stürzten herbei, um ihren Liebling unter Tränen zu umarmen.»

Aber das Gericht stellte Mamontows finanzielle Haftung fest, sein Vermögen kam unter den Hammer. Die Eisenbahnunternehmen fielen an den Staat. Von diesem Schlag hat Sawwa Mamontow sich nicht mehr erholt.

Den Rest seines Lebens verbrachte er ganz zurückgezogen in Armut und Vergessenheit und arbeitete in seiner kleinen Töpferwerkstatt. Er starb 1918, gleich nach der Revolution.

Die Frau des «Dekabristen» Ekaterina Trubezkaja

Die Kindheit von Ekaterina, genannt Katascha, verlief glücklich und unbeschwert. «Von Natur aus fröhlich, besaß sie im Gespräch eine Eleganz und Originalität des Denkens ... Im Umgang war sie von vornehmer Schlichtheit, aufrichtig, offen und begeisterungsfähig, manchmal ein richtiger Hitzkopf und äußerst freigiebig.»

Sie war Tochter eines französischen Emigranten. Ihr Vater Jean Laval verließ das heimatliche Frankreich zu Beginn der Revolution 1789. Seine russische Frau, die aus einer reichen Kaufmannsfamilie stammte und Fabriken, Goldminen und mehrere Landgüter besaß, hatte König Ludwig XVII dreihunderttausend Franc «geliehen», dafür erhielt ihr Mann den Grafentitel. Der Palast des Grafen am Eng-

Дворе́ц гра́фа Лава́ля на Англи́йской на́бережной был одни́м из са́мых роско́шных в Петербу́рге. Пол был вы́ложен мра́морными пли́тами, по кото́рым, по преда́нию, ступа́л ещё Неро́н. Хозя́йка до́ма, же́нщина у́мная и образо́ванная, владе́ла ценне́йшим собра́нием анти́чных скульпту́р и карти́н изве́стнейших худо́жников. На литерату́рных вечера́х здесь собира́лись знамени́тые писа́тели, худо́жники, музыка́нты. Здесь устра́ивались балы́, на кото́рых быва́л сам импера́тор.

В 1821 году́ Ката́ша вы́шла за́муж за Серге́я Трубецко́го, происходи́вшего из стари́нной кня́жеской семьи́ и просла́вившего своё и́мя во вре́мя войны́ с Наполео́ном. Трубецко́й отлича́лся до́брым, споко́йным хара́ктером, «име́л просвещённый ум», был все́ми люби́м и уважа́ем, Екатери́на Ива́новна была́ сча́стлива с ним.

Как и большинство́ молоды́х ру́сских дворя́н, прошёдших в войну́ всю Евро́пу, почу́вствовавших во́здух свобо́ды и верну́вшихся в Росси́ю победи́телями, Трубецко́й был убеждён в том, что Росси́и необходи́мы рефо́рмы, в ча́стности, ограниче́ние самодержа́вия и освобожде́ние крепостны́х крестья́н. В 1816 году́ он стал основа́телем та́йного «Сою́за спасе́ния», в 1819 – «Сою́за благоде́нствия», а в 1821 году́ – «Се́верного о́бщества», в кото́рое вошли́ молоды́е полко́вники и генера́лы – вое́нная эли́та тогда́шней ца́рской Росси́и, стремя́щаяся к измене́нию госуда́рственного стро́я.

Екатери́на Ива́новна была́ одно́й из немно́гих жён загово́рщиков, кото́рая дога́дывалась о противоправи́тельственной де́ятельности своего́ му́жа и пыта́лась отговори́ть его́ това́рищей от риско́ванных шаго́в. Чле́ны та́йного о́бщества реши́ли испо́льзовать моме́нт сме́рти царя́ Алекса́ндра I и подня́ть восста́ние полко́в на Сена́тской пло́щади в моме́нт прися́ги но́вому царю́ Никола́ю. Трубецко́й согласи́лся стать «дикта́тором» восста́ния 14 декабря́ 1825.

lischen Kai war einer der luxuriösesten in Sankt Petersburg. Der Boden war mit Marmorplatten gefliest, über die, so die Legende, schon Nero geschritten war. Die Hausherrin, eine kluge und gebildete Frau, besaß eine wertvolle Sammlung antiker Skulpturen und Gemälde berühmter Künstler. Bei literarischen Abenden trafen sich namhafte Schriftsteller, Künstler und Musiker. Hier wurden Bälle veranstaltet, die sogar der Zar besuchte.

Katascha heiratete 1821 Sergej Trubezkoj, der aus einer alten Fürstenfamilie stammte und sich im Krieg gegen Napoleon einen Namen gemacht hatte. Trubezkoj war von gutherziger und ruhiger Wesensart und «ein Mann der Aufklärung». Er war bei allen beliebt und geachtet, und Ekaterina Iwanowna war glücklich mit ihm.

Wie die meisten jungen russischen Adligen, die im Krieg gegen Napoleon in ganz Europa herumgekommen und in dem Gefühl der Freiheit als Sieger nach Russland zurückgekehrt waren, war auch Trubezkoj davon überzeugt, dass Russland dringend Reformen nötig hatte, insbesondere die Beschränkung der kaiserlichen Alleinherrschaft und die Freilassung der leibeigenen Bauern. 1816 gründete er den geheimen «Rettungsbund», 1819 den «Wohlstandsbund» und 1821 die «Nordgesellschaft», in die junge Oberste und Generäle eintraten, die Militärelite des zaristischen Russland. Sie strebten eine Veränderung der Staatsform an.

Ekaterina Iwanowna ahnte als eine der wenigen Frauen der Verschwörer die regierungsfeindliche Tätigkeit ihres Mannes. Sie versuchte ihren Mann und seine Verbündeten von gefährlichen Schritten abzuhalten. Die Mitglieder des Geheimbundes nahmen sich vor, die rechtlich unklare Situation nach dem Tod des Zaren Alexander I. zu nutzen und einen Aufstand der Regimenter auf dem Senatsplatz auszurufen, genau zum Zeitpunkt der Vereidigung des neuen Zaren Nikolaus. Trubezkoj erklärte sich bereit, den Aufstand am 14. Dezember 1825 als «Diktator» zu leiten.

Выступле́ние полко́в бы́ло пло́хо подгото́влено, единогла́сия среди́ организа́торов не́ было. По́сле разгро́ма восста́ния, Трубецко́го арестова́ли и доста́вили во дворе́ц на допро́с к царю́ Никола́ю I. «Ва́ша у́часть бу́дет ужа́сна! Кака́я ми́лая жена́, вы погуби́ли ва́шу жену́!» – крича́л ему́ импера́тор. «Не серди́сь, Ка́тя ... Я потеря́л тебя́ и погуби́л, но без зло́го у́мысла. Госуда́рь вели́т переда́ть тебе́, что я жи́в и ‹живы́м› оста́нусь». Екатери́на Ива́новна реши́ла проси́ть импера́тора о свида́нии с му́жем и возмо́жности перепи́сываться с ним. Писа́ть: «Мой муж ни в чем не вино́вен, призыва́ю в том не́бо в свиде́тели» – она́ отказа́лась. Ей позво́лили вести́ с му́жем перепи́ску, при усло́вии, что пи́сьма бу́дут пересыла́ться откры́тыми.

Трубецко́й был осуждён на сме́ртную казнь, кото́рую замени́ли пожи́зненной ка́торгой в Сиби́ри на рудника́х. Екатери́на Ива́новна направля́ет Никола́ю I про́сьбу о разреше́нии раздели́ть у́часть му́жа. Разреше́ние полу́чено. На сле́дующий же день по́сле отпра́вки Трубецко́го семья́ Лава́лей проща́ется с люби́мой до́черью.

«Оста́вить мужа, с кото́рым я пять лет была́ сча́стлива, возврати́ться в Росси́ю и жить там во вся́ком вне́шнем удово́льствии, но с уби́той душо́й, и́ли из любви́ к нему́, отказа́вшись от всех благ ми́ра с чи́стой и споко́йной со́вестью, доброво́льно преда́ть себя́ униже́нию, бе́дности и всем неисчисли́мым тру́дностям го́рестного его́ положе́ния в наде́жде, что разделя́я все его́ страда́ния, могу́ иногда́ любо́вью свое́ю хоть ма́ло скорбь его́ облегчи́ть? Стро́го испыта́в себя́ и удостове́рившись, что си́лы мои́ душе́вные и теле́сные ника́к бы не позво́лили мне избра́ть пе́рвое, а ко второ́му се́рдце си́льно влечёт меня́ ...»

Das Unternehmen war schlecht vorbereitet, die Organisatoren waren sich nicht einig. Der Aufstand wurde niedergeschlagen, Trubezkoj verhaftet und zum Verhör in den Palast vor Zar Nikolaus I. gebracht. Der Zar schrie ihn an: « Euer Los wird fürchterlich sein! Was haben Sie für eine liebe Frau, Sie richten sie zugrunde! » Trubezkoj schrieb aus der Haft nach Hause « Sei nicht böse auf mich, Katja ... Ich habe dich verloren und dich ins Unglück gestürzt, aber ohne böse Absicht. Der Zar lässt dir ausrichten, dass ich lebe und ‹ am Leben › bleiben werde ». Ekaterina Iwanowna beschloss, den Zaren um ein Wiedersehen mit ihrem Mann zu bitten und um die Erlaubnis, sich gegenseitig Briefe zu schreiben. Sie weigerte sich jedoch, so zu schreiben: « Mein Mann ist in keiner Weise schuldig, dafür rufe ich den Himmel als Zeugen an! » Der Briefwechsel mit ihrem Mann wurde ihr trotzdem erlaubt, unter der Voraussetzung, dass die Briefe geöffnet übergeben werden.

Trubezkoj wurde zum Tode verurteilt, die Strafe aber in lebenslängliche Zwangsarbeit im Bergwerk in Sibirien umgewandelt. Ekaterina Iwanowna bittet den Zaren um die Erlaubnis, das Schicksal ihres Mannes zu teilen. Sie erhält sie. Am Tag nach dem Abtransport Trubezkojs nimmt die Familie Laval Abschied von der geliebten Tochter.

« Den Mann lassen, mit dem ich fünf Jahre glücklich war, nach Russland zurückkehren und dort in äußerlichem Wohlstand leben, aber mit vor Kummer vergehender Seele? Oder aus Liebe zu ihm allen Gütern der Welt entsagend, rein und mit ruhigem Gewissen die Demütigung hinnehmen, die Armut und die maßlose Härte seiner kummervollen Lage, in der Hoffnung, all seine Qual teilen zu können und ab und zu mit meiner Liebe sein Leid ein wenig erleichtern zu können? Ich habe mich streng geprüft und mich davon überzeugt, dass meine seelischen und körperlichen Kräfte es mir niemals erlauben würden, das Erstere zu wählen, aber zu dem Zweiten drängt mich mein Herz ... »

Она́ была́ пе́рвой из жён, после́довавших за со́сланными «декабри́стами» в Сиби́рь. По́зже ещё двена́дцать же́нщин раздели́ли судьбу́ свои́х муже́й. Снача́ла им бы́ли разрешены́ лишь ре́дкие свида́ния, пото́м позво́лили прожива́ть вме́сте в специа́льно постро́енной тюрьме́, пото́м, уже́ в Ирку́тске, они́ обзаведи́сь дома́ми, смогли́ рожа́ть и воспи́тывать дете́й. У Трубецко́й их бы́ло че́тверо.

«Екатери́на Ива́новна вои́стину очарова́тельна, – писа́л оди́н из декабри́стов, – и соединя́ет со значи́тельным умо́м и разви́тием неистощи́мый запа́с доброты́ . . .»

Екатери́на Ива́новна провела́ два́дцать во́семь лет с му́жем в Сиби́ри и умерла́ в 1854 году́, не дожи́в всего́ двух лет до амни́стии «декабри́стов» по слу́чаю корона́ции царя́ Алекса́ндра II.

Граждани́н ми́ра Мстисла́в Ростропо́вич

Его́ счита́ют са́мым выдаю́щимся виолончели́стом в исто́рии. Он был исполни́телем всего́ мирово́го виолонче́льного репертуа́ра. Бо́лее шести́десяти компози́торов – среди́ них Шостако́вич, Проко́фьев, Бри́ттен, Бе́рнстайн, Шни́тке, Пендере́цкий и Мессиа́н – создава́ли для него́ свои́ произведе́ния. Сто трина́дцать мировы́х премье́р как у виолончели́ста и бо́лее семи́десяти как у дирижёра. Ты́сячи сы́гранных конце́ртов (бо́лее двухсо́т в год). Зва́ние почётного до́ктора бо́лее сорока́ университе́тов и ко́лледжей, среди́ кото́рых Га́рвард, При́нстон, Ке́мбридж, О́ксфорд, Сорбо́нна. Почётный член Короле́вской акаде́мии му́зыки в А́нглии и Музыка́льной

Sie war die erste Frau, die ihrem Mann nach Sibirien folgte. Später teilten zwölf weitere Frauen das Schicksal der «Dekabristen» (von «Dekabr», russ. für Dezember). Am Anfang durften sie sich nur selten mit ihren Männern treffen, später wurde ihnen erlaubt, mit den Männern in eigens dafür gebauten Gefängnissen zusammenzuleben, noch später durften sie in Irkutsk Häuser erwerben und konnten Kinder bekommen und großziehen. Trubezkojs hatten vier.

«Ekaterina Iwanowna ist eine Person von außergewöhnlicher Anmut», schrieb einer der Dekabristen, «sie verbindet Verstand und Bildung mit einem unerschöpflichen Vorrat an Güte ...»

Ekaterina Iwanowna verbrachte achtundzwanzig Jahre an der Seite ihres Mannes in Sibirien und starb 1854 – nur zwei Jahre vor der Amnestie der Dekabristen anlässlich der Krönung des Zaren Alexander II.

Der Weltbürger
Mstislaw Rostropowitsch

Viele halten ihn für den begabtesten Cellisten der Geschichte. Er hat wohl das gesamte Cellorepertoire der Welt gespielt. Mehr als sechzig Komponisten haben für ihn Musik geschrieben, unter ihnen Schostakowitsch, Prokofjew, Britten, Bernstein, Schnittke, Penderecki und Messiaen. Einhundertdreizehn Weltpremieren hat er als Cellist und siebzig als Dirigent aufgeführt, insgesamt mehrere tausend Konzerte (über zweihundert im Jahr). Von mehr als vierzig Universitäten und Colleges bekam er die Ehrendoktorwürde verliehen, unter ihnen Harvard, Princeton, Cambridge, Oxford und die Sorbonne. Er war Mitglied der Königlichen Musikakademie in England und der Chopin-Akademie in Warschau, Mitglied der Französischen Akademie der

акаде́мии и́мени Шопе́на в Варша́ве, член Франц́узской Акаде́мии изя́щных иску́сств. Посо́л до́брой во́ли ЮНЕ́СКО в борьбе́ за мир. В его́ спи́ске бо́лее ста тридцати́ всевозмо́жных пре́мий и награ́д, в том числе́ национа́льных наград двадцати́ девяти́ стран. Его́ семидесятиле́тие пра́здновали на госуда́рственном у́ровне в Елисе́йском дворце́ в Пари́же, а семидесятипятиле́тие – в Букинге́мском дворце́ в Ло́ндоне.

В мо́лодости он выса́живался в А́рктике, что́бы выступа́ть там для поля́рников. Он игра́л на церко́вной па́перти в Пари́же на по́хоронах опа́льного кинорежиссёра Андрея Тарко́вского, у́мершего в изгна́нии. Его́ виолонче́ль звуча́ла у Берли́нской стены́ в 1989-ом, а в а́вгусте 1991-го, во вре́мя пу́тча в Москве́ – у Бе́лого до́ма. «Я ду́мал, что меня́ убьют, но зато́ весь мир узна́ет, что случи́лось в Росси́и».

Он подде́рживал молоды́х музыка́нтов, спаса́л леса́ Амазо́нки, же́ртвовал де́ньги на вакцина́цию дете́й в Росси́и, Азербайджа́не, Гру́зии и Арме́нии, организова́л Фонд по́мощи педиатри́и Росси́и и финанси́ровал строи́тельство и медици́нское обору́дование се́льской де́тской больни́цы. Петербу́рг обя́зан ему́ музе́ем Дми́трия Шостако́вича.

Мстисла́в Ростропо́вич роди́лся 27 ма́рта 1927 го́да в Баку́ в семье́ музыка́нтов. В четы́ре го́да написа́л своё пе́рвое музыка́льное произведе́ние, в пятна́дцать лет стал преподава́телем музыка́льного училища, а в девятна́дцать лет око́нчил Моско́вскую консервато́рию по кла́ссу виолонче́ли, где занима́лся та́кже компози́цией у Дми́трия Шостако́вича. В два́дцать оди́н год стал соли́стом столи́чной филармо́нии, одновреме́нно занима́ясь

Schönen Künste und «Botschafter des guten Willens» der UNESCO im Ringen um den Frieden. In seinem Lebenslauf sind mehr als einhundertdreißig verschiedene Preise und Auszeichnungen aufgeführt, darunter Nationalpreise von neunundzwanzig Staaten. Sein siebzigster Geburtstag wurde mit einem Staatsempfang im Elysée-Palast in Paris gefeiert, der fünfundsiebzigste im Buckingham-Palast in London.

Als junger Musiker reiste Rostropowitsch per Schiff in die Arktis, um dort ein Konzert für die Polarforscher zu geben. Auf dem Begräbnis des zu Hause in Ungnade gefallenen und im Exil gestorbenen Regisseurs Andrej Tarkowski hat er vor einer russischen Kirche in Paris gespielt, sein Cello war auch 1989 an der Berliner Mauer zu hören und während des Putsches im August 1991 vor dem Weißen Haus in Moskau. «Ich habe gedacht, sie bringen mich um, aber dadurch würde die ganze Welt erfahren, was in Russland vor sich geht.»

Rostropowitsch unterstützte junge Musiker, engagierte sich für den Erhalt der Wälder am Amazonas, spendete Geld für Impfprogramme von Kindern in Russland, Aserbeidschan, Georgien und Armenien, gründete einen Hilfsfonds für Kinderheilkunde in Russland und finanzierte den Bau und die medizinische Ausstattung eines Kinderkrankenhauses in einer entlegenen Provinz. Petersburg verdankt ihm das Dimitrij-Schostakowitsch-Museum.

Mstislaw Rostropowitsch wurde am 27. März 1927 in Baku in einer Musikerfamilie geboren. Mit vier Jahren schrieb er sein erstes Musikstück, mit fünfzehn wurde er Lehrer an der musikalischen Fachschule und mit neunzehn schloss er die Celloklasse des Moskauer Konservatoriums ab. Er hatte dort gleichzeitig Komposition bei Dimitrij Schostakowitsch studiert. Mit einundzwanzig wurde er Solist der städtischen Philharmonie, daneben war er pädagogisch tätig: von 1960 an als Professor am Moskauer und

педагоги́ческой де́ятельностью: с 1960 го́да он – профе́ссор Моско́вской, а с 1961 – Ленингра́дской консервато́рии. Как ка́мерный музыка́нт Мстисла́в Ростропо́вич выступа́л в анса́мбле со Святосла́вом Ри́хтером, в три́о с Эми́лем Ги́лельсом и Леони́дом Ко́ганом, в ка́честве пиани́ста в анса́мбле с жено́й – певи́цей Гали́ной Вишне́вской.

Перело́мным моме́нтом в жи́зни Ростропо́вича ста́ло его́ откры́тое письмо́ в «Пра́вду» в 1970 году́ в защи́ту Александра Солжени́цына. «Лу́чшее, что я сде́лал в жи́зни – э́то, наве́рное, да́же не му́зыка, а письмо́ в «Пра́вду» – с э́того моме́нта моя́ со́весть была́ чиста́.» Дав опа́льному писа́телю убе́жище на свое́й да́че, он, облада́тель Ле́нинской и Ста́линской пре́мий, навлёк на себя́ неми́лость власте́й и по́сле двухле́тнего запре́та конце́ртной де́ятельности и гоне́ний в 1974 году́ поки́нул Сове́тский Сою́з. Чере́з четы́ре го́да он был лишён сове́тского гражда́нства.

Победи́тель мно́гих междунаро́дных ко́нкурсов, Ростропо́вич уже́ в шестидеся́тые го́ды по́льзовался мирово́й изве́стностью, поэ́тому и заграни́цей продо́лжил музыка́льную карье́ру. В 1977 году́ он стал гла́вным дирижёром Вашингто́нского национа́льного симфони́ческого орке́стра и остава́лся им семна́дцать лет. Поража́ла эне́ргия Ростропо́вича. Так, одна́жды, за во́семь вечеро́в в Ло́ндонском Фестива́льном за́ле он сыгра́л пятна́дцать конце́ртов для виолонче́ли.

Как у вся́кого челове́ка, у Мстисла́ва Ростропо́вича бы́ли свои́ сла́бости. Хо́дят леге́нды о его́ любви́ к успе́ху и бле́ску, о его́ боге́мности и сла́бости к ро́скоши неравноду́шии к поку́пке домо́в и кварти́р по всему́ све́ту. Но при всём э́том гла́вными его́ черта́ми остава́лись гражда́нственность, челове́чность, че́стность, работоспосо́бность и упо́рство, типи́чные для ста́рых мастеро́в и, коне́чно, строжа́йшая самодисципли́на.

von 1961 an am Leningrader Konservatorium. Er konzertierte oft im Duo mit dem Pianisten Swjatoslaw Richter, im Klaviertrio mit Emil Gilels und Leonid Kogan und als Klavierbegleiter mit seiner Frau, der Sängerin Galina Wischnewska.

Zum Wendepunkt im Leben von Rostropowitsch wurde sein offener Brief 1970 an die Zeitung ‹Prawda› (Wahrheit) zur Verteidigung von Alexander Solschenizyn. «Vielleicht ist das Beste, was ich im Leben getan habe, nicht meine Musik, sondern der Brief an die ‹Prawda›, denn von diesem Tag an war mein Gewissen rein.» Rostropowitsch bot dem in Ungnade gefallenen Schriftsteller Solschenizyn eine Zuflucht auf seiner Datscha an, womit er selbst, der Lenin- und Stalinpreisträger, den Ärger der Mächtigen auf sich zog. Nach zwei Jahren Auftrittsverbot und Schmähungen verließ er 1974 die Sowjetunion. Vier Jahre später wurde ihm die sowjetische Staatsbürgerschaft aberkannt.

Als Gewinner zahlreicher internationaler Wettbewerbe war Rostropowitsch schon seit den sechziger Jahren weltberühmt, daher konnte er auch im Ausland seine musikalische Karriere fortsetzen. 1977 wurde er Chefdirigent des National Symphony Orchestra Washington und blieb dort siebzehn Jahre. Die Energie Rostropowitschs war unglaublich. So spielte er einmal an acht Abenden fünfzehn Solokonzerte in der Royal Festival Hall in London.

Wie jeder Mensch hatte auch Rostropowitsch seine Schwächen. Es gibt unzählige Legenden über seinen Hang zu Erfolg und Glanz, seinen luxuriösen Lebensstil und seine Leidenschaft, auf der ganzen Welt Häuser und Wohnungen zu kaufen. Doch zu seinen wichtigsten Eigenschaften zählen Verantwortungsbewusstsein, Menschlichkeit, Ehrlichkeit, Arbeitswut, eine für die großen Meister der Kunst typische Ausdauer und Zielstrebigkeit und natürlich seine harte Selbstdisziplin.

После́дние три́дцать лет жи́зни у него́ не бы́ло никако́го гражда́нства. «Когда́ от Горбачёва в 1990 году́ поступи́ло предло́жение взять сове́тские паспорта́, мы с Гали́ной отве́тили ему́ благода́рственным письмо́м и отка́зом.» С середи́ны девяно́стых годо́в Ростропо́вич всё бо́льше вре́мени проводи́л в Росси́и, хотя́ официа́льно его́ ме́стом жи́тельства остава́лся Пари́ж. «Я ни одну́ страну́ ми́ра не люблю так, как люблю Росси́ю, поэтому для меня́ не существу́ет ни тех оби́д, кото́рые мне бы́ли нанесены́ и да́же не существу́ет враго́в. Я всех прости́л и всех благодарю́.»

Ма́стер
Михаи́л Булка́ков

28 ма́рта 1930 го́да Михаи́л Булга́ков обрати́лся с письмо́м к Сове́тскому прави́тельству. В э́том письме́ он 12 раз, как заклина́ние, повторя́ет слова́ «я прошу́». Что же заста́вило Булга́кова, предупрежда́вшего в рома́не «Ма́стер и Маргари́та»: «Никогда́ и ничего́ не проси́те! Никогда́ и ничего́, и в осо́бенности у тех, кто сильне́е вас», написа́ть э́то письмо́? О чём проси́л Булга́ков?

Он проси́л «приказа́ть ему́ в сро́чном поря́дке поки́нуть преде́лы СССР». «Я обраща́юсь к гума́нности сове́тской вла́сти и прошу́ меня́, писа́теля, кото́рый не мо́жет быть поле́зен у себя́ в оте́честве, великоду́шно отпусти́ть на свобо́ду.» В слу́чае отка́за, е́сли его́ «обреку́т на пожи́зненное молча́ние в СССР», он проси́л дать ему́ «рабо́ту по специа́льности и командирова́ть в теа́тр на рабо́ту в ка́честве шта́тного режиссёра». «Е́сли меня́ не назна́чат режиссёром, я прошу́сь на шта́тную до́лжность стати́ста. Е́сли и

Die letzten dreißig Jahre seines Lebens besaß er gar keine Staatsangehörigkeit. «Als Gorbatschow mir 1990 das Angebot machte, einen sowjetischen Pass zu beantragen, schrieben Galina und ich ihm einen Dankesbrief und lehnten ab.» Seit Mitte der neunziger Jahre brachte Rostropowitsch wieder mehr Zeit in Russland zu, obwohl sein offizieller Wohnort weiterhin Paris war. «Kein Land der Welt liebe ich so wie Russland, deswegen gibt es für mich heute die Verletzungen nicht mehr, die mir dort angetan wurden, und auch keine Feinde. Ich vergebe alles und danke allen.»

Der Meister
Michail Bulgakow

Am 28. März 1930 wendet sich Michail Bulgakow in einem Brief an die sowjetische Regierung. Darin wiederholt er wie in einer Zauberformel zwölfmal die Worte «ich bitte darum». Was brachte Bulgakow, der später in dem Roman ‹Der Meister und Margarita› warnte: «Bittet niemals und um nichts! Niemals und um nichts, und besonders nicht die, die mächtiger sind als ihr!», diesen Brief zu schreiben? Worum bat er?

Er bat darum, «ihm den Befehl zu erteilen, die UdSSR so schnell wie möglich zu verlassen.» «Ich appelliere an die Humanität der sowjetischen Regierung und bitte sie, mich, einen Schriftsteller, der seinem Vaterland nicht nützen kann, großzügig in die Freiheit zu entlassen.» Im Falle der Ablehnung, wenn er «zu lebenslänglichem Stillschweigen in der UdSSR verurteilt würde», bat er darum, dass man ihm «eine fachliche Aufgabe» gebe und ihn «dem Theater in der Position eines festangestellten Regisseurs» zuteile. «Wenn ich nicht Regisseur werden kann, bitte ich um die

стати́стом нельзя́ – я прошу́сь на до́лжность рабо́чего сце́ны. Е́сли же и э́то невозмо́жно, я прошу́ Сове́тское Прави́тельство поступи́ть со мной, как оно́ найдёт ну́жным, но как-нибу́дь поступи́ть, потому́ что у меня́, драмату́рга, написа́вшего 5 пьес, изве́стного в СССР и заграни́цей, налицо́, в да́нный моме́нт, – нищета́, у́лица и ги́бель».

Что предше́ствовало э́тому, по́лному отча́яния письму́?

Михаи́л Афана́сьевич Булга́ков, роди́вшийся в 1891 году́ в Ки́еве в семье́ профе́ссора Духо́вной Акаде́мии, получи́вший медици́нское образова́ние, недо́лгое вре́мя прорабо́тавший врачо́м в прифронтово́м го́спитале и в зе́мской больни́це, испыта́вший на себе́ у́жасы гражда́нской войны́, оказа́вшийся в ка́честве вое́нного врача́ Вооружённых сил Ю́га Росси́и на Кавка́зе и оста́вшийся в Росси́и по́сле разгро́ма а́рмии и её бе́гства в Константино́поль (мо́жет быть, и́з-за ти́фа, а, мо́жет быть, по убежде́нию), в 1920 году́ реши́л посвяти́ть себя́ литерату́ре, заня́тию, кото́рое он счита́л своим и́стинным призва́нием: писа́ть он на́чал ещё студе́нтом.

Он на́чал рабо́тать в ме́стных газе́тах и театрах на Кавка́зе. Но за сла́вой на́до бы́ло е́хать в Москву́. В 1921 году́ он приезжа́ет в столи́цу, где зараба́тывает на жизнь писа́нием фельето́нов и репорта́жей. Настоя́щим успе́хом стано́вится постано́вка в 1926 году́ во МХА́Те Станисла́вского его́ пье́сы «Дни Турбины́х». Уже́ в пе́рвом сезо́не её да́ли бо́лее ста раз. И́менно э́той пье́се суждено́ бы́ло сыгра́ть ключеву́ю родь в судьбе́ Булга́кова – она́ понра́вилась Ста́лину.

Геро́и пье́сы – семья́ Турбины́х и их друзья́ – офице́ры ца́рской а́рмии. Вре́мя де́йствия – граж-

Anstellung als Statist. Wenn auch Statist nicht geht, bitte ich um die Anstellung als Bühnenarbeiter. Wenn auch das nicht möglich sein sollte, bitte ich die sowjetische Regierung, so mit mir zu verfahren, wie sie es für nötig hält, aber doch nur irgendwie mit mir zu verfahren, denn so wie es heute ist, bleiben mir, dem in der UdSSR und im Ausland bekannten Dramatiker und Verfasser von fünf Theaterstücken, nur die Armut, die Straße und der Tod.»

Was war diesem Brief voller Verzweiflung vorausgegangen?

Michail Afanassjewitsch Bulgakow war 1891 in Kiew in der Familie eines Professors der Akademie für Geistliche geboren, hatte Medizin studiert und war kurze Zeit als Arzt in einem Frontlazarett und in einem Krankenhaus auf dem Land tätig gewesen, hatte die Gräuel des Bürgerkriegs selbst miterlebt und war schließlich im Kaukasus Lazarettarzt in der antibolschewistischen Armee Südrusslands geworden. Als diese nach ihrer Niederlage nach Konstantinopel floh, war Bulgakow in Russland geblieben, sei es, weil er Typhus hatte, sei es aus Überzeugung. 1920 beschloss er, sich der Literatur zu widmen, dem Beruf, dem seine eigentliche Leidenschaft galt. Seine ersten Skizzen hatte er schon als Student geschrieben.

Er versuchte sich als Mitarbeiter bei den lokalen Zeitungen und Theatern im Kaukasus. Aber der wahre Ruhm war nur in Moskau zu finden. 1921 trifft Bulgakow in der Hauptstadt ein, wo er zunächst seinen Lebensunterhalt mit dem Schreiben von Glossen und Reportagen verdient. Ein echter Erfolg wird 1926 die Aufführung seines Theaterstücks ‹Die Tage der Turbins› am Künstlertheater von Stanislawskij. Schon in der ersten Saison wurde das Stück mehr als hundertmal aufgeführt. Dieses Stück hat im Leben Bulgakows die Schlüsselrolle gespielt: Es gefiel Stalin.

Die Hauptpersonen des Stücks – die Brüder Turbin und ihre Freunde – sind Offiziere der Weißen Garde. Es spielt

да́нская война́. Их раду́шный и ую́тный дом в Ки́еве, где мо́жно отдохну́ть от у́жасов происходя́щего, их взаи́мная любо́вь и подде́ржка, их пре́данность «вели́кой Росси́и», их честь, благоро́дство, великоду́шие, жёртвенность – всё э́то до́рого самому́ Булга́кову. С ка́ждой сце́ной зри́телям стано́вится всё бо́лее очеви́дно, что э́того «турби́нского» ми́ра бо́льше не бу́дет. Го́род перехо́дит из рук в ру́ки в бра́тоубийственной войне́, недалёк тот день, когда́ его́ займу́т «кра́сные». Геро́и пье́сы вы́нуждены реша́ть, как жить да́льше? Сража́ться до после́днего на стороне́ Бе́лой а́рмии – но пораже́ние неотврати́мо, и тогда́ – эмигра́ция, жизнь заграни́цей, а ру́сские «там ну́жны, как пу́шке тре́тье колесо́». Перейти́ на сто́рону «кра́сных», потому́ что на их стороне́ наро́д, служи́ть кото́рому ру́сский интеллиге́нт счита́л свои́м до́лгом? Попро́бовать жить в ми́ре с но́вым режи́мом, наприме́р, петь в О́пере, как геро́й пье́сы Шерви́нский? Не всё ли равно́, при како́й вла́сти занима́ться иску́сством? Или поня́в, что «наро́д не с на́ми, наро́д про́тив нас», поста́вить себя́ под случа́йную пу́лю, не ви́дя смы́сла жить в «но́вой, друго́й Росси́и», как гла́вный геро́й – полко́вник Алексе́й Ту́рбин? Ностальги́я, любо́вь и го́речь в то́не Булга́кова.

Вождь побыва́л не ме́нее пятна́дцати раз на спекта́кле. Для него́ э́то была́ «хоро́шая пье́са», пока́зывающая у́много, некарикату́рного, досто́йного врага́, призна́вшего своё пораже́ние пе́ред Сове́тской вла́стью. «Дни Турбины́х», – писа́л он в одно́м письме́, – есть

im Bürgerkrieg. Ihr gastfreundliches und gemütliches Haus in Kiew, wo man sich von den Widrigkeiten des Schicksals erholen kann, ihre gegenseitige Liebe und Unterstützung, ihre Treue zum «großen Russland», ihre Würde, ihr Edelmut, ihre Großherzigkeit, ihre Opferbereitschaft, all das sind die Werte, die Bulgakow selbst am meisten bedeuten. Mit jeder Szene wird es dem Zuschauer deulicher, dass es diese Welt der Turbins bald nicht mehr geben sollte. Die Stadt gerät ständig von einer Hand in die andere und der Tag ist nicht weit, an dem die «Roten» sie einnehmen. Die Helden des Stückes müssen sich entscheiden, wie sie weiterleben wollen. Sollen sie bis zum Äußersten auf Seiten der Weißen kämpfen und die unabwendbare Niederlage wählen? Und was dann? Die Emigration, das Leben außerhalb Russlands, wo sie genauso notwendig sein würden, «wie ein drittes Rad an der Kanone»? Sollen sie sich auf die Seite der Roten stellen, weil auf deren Seite das russische Volk steht, dem zu dienen jeder russische Intellektuelle für seine Pflicht hielt? Oder sollen sie versuchen, in Frieden mit dem neuen Regime zu leben, und zum Beispiel an der Oper singen (wie Scherwinskij, eine der Hauptpersonen des Stücks) – denn: Ist es nicht gleichgültig, unter welcher Macht man als Künstler lebt? Oder sollen sie einsehen, dass «das Volk nicht mit uns ist, sondern gegen uns» und sich in den Kugelhagel stellen, weil sie keinen anderen Ausweg sehen und keinen Sinn darin «im neuen, anderen Russland» zu leben, wie eine andere Hauptgestalt, der Oberst Alexej Turbin? Nostalgie, Liebe und Bitterkeit sind die Tonfärbungen von Bulgakows Drama.

Stalin war in nicht weniger als fünfzehn Aufführungen. Für ihn war es ein «gutes Theaterstück», das den unkarikierten, den klugen und würdigen Feind zeigt, der seine Niederlage gegenüber der Sowjetmacht erkannt hat. ‹Die Tage der Turbins› schrieb er in einem Brief, «sind eine Demonstration der alles besiegenden Stärke des Bolschewis-

демонстра́ция всесокруша́ющей си́лы большеви́зма, е́сли да́же таки́е, как Турбины́, вы́нуждены сложи́ть ору́жие и покори́ться во́ле наро́да». Говоря́т, что пье́са насто́лько завора́живала Ста́лина, что он сам признава́лся актёру, игра́вшему Алексе́я Турбина́: «Мне да́же у́сики Ва́ши сня́тся». В пе́рвой свое́й ре́чи к наро́ду в нача́ле Оте́чественной войны он, почти́ досло́вно повторя́я Алексе́я Турбина́, сказа́л: «К вам обраща́юсь я, друзья́ мои́!». Введённые по реше́нию Ста́лина в 1943 году́ пого́ны и но́вые мунди́ры в а́рмии во мно́гом напомина́ют фо́рму геро́ев «Дней Турбины́х». Булга́ков писа́л о «вели́кой держа́ве» Росси́и, кото́рая «была́». Ста́лин хоте́л созда́ть но́вую вели́кую Росси́ю.

Из автобиогра́фии Булга́кова: Пье́са «Дни Турбины́х «была́ запрещена́ по́сле 289-го представле́ния. Сле́дующая пье́са «Зо́йкина кварти́ра» шла в театре и́мени Вахта́нгова и была́ запрещена́ по́сле 200-го представле́ния. Сле́дующая – «Багро́вый о́стров» шла в Ка́мерном театре и была́ запрещена́ приблизи́тельно по́сле 50-го представле́ния. Сле́дующая – «Бег» была́ запрещена́ по́сле пе́рвых репети́ций в Моско́вском Худо́жественном теа́тре. Сле́дующая – «Кабала́ Свято́ш» была́ запрещена́ сра́зу и до репети́ций не дошла́».

И тогда́ Булга́ков, наде́ясь на защи́ту Ста́лина, пи́шет своё письмо́. Ну́жно то́лько всё объясни́ть, и Он поймёт. Булга́ков пи́шет, что мно́гие сове́товали ему́ сочини́ть «коммунисти́ческую пье́су». Но таки́х попы́ток он не предпринима́л, «зна́я заве́домо, что така́я пье́са у меня́ не вы́йдет».

В «Ма́стере и Маргари́те», ещё не дописа́нном к тому́ вре́мени рома́не, Йе́шуа говори́т По́нтию Пила́ту (хотя́ зна́ет, что то, что он ска́жет, подведёт его́ к сме́ртной ка́зни): «Говори́ть пра́вду легко́ и

mus, die sogar solche Leute wie die Turbins dazu zwingt, die Waffen zu strecken und sich dem Willen des Volkes zu unterwerfen.» Es heißt, das Stück habe ihn so begeistert, dass er in eigener Person gegenüber dem Schauspieler, der den Alexej Turbin spielte, zugegeben habe: «Ich träume sogar schon von Ihrem Schnauzbart.» Und noch in seiner ersten Rede zu Beginn des Zweiten Weltkriegs zitierte er fast wörtlich Alexej Turbin, indem er sagte: «Ich wende mich an Euch, meine Freunde!» Sogar die von ihm 1943 eingeführten Schulterstücke und neuen Uniformen der Armee erinnerten stark an die der Helden aus den ‹Tagen der Turbins›. Bulgakow hatte das «Große Imperium» Russland, das «nun der Vergangenheit angehörte» beschrieben. Stalin wollte ein neues Großes Russland erschaffen.

Aus Bulgakows Autobiografie: «Das Stück ‹Die Tage der Turbins› wurde nach der 289ten Aufführung verboten. Das nächste Stück ‹Soikas Wohnung› wurde im Theater Bachtangow gespielt und nach der zweihundertsten Aufführung verboten. Das nächste ‹Blutrote Insel› wurde im Kammertheater gespielt und ungefähr nach der fünfzigsten Aufführung verboten. Das nächste ‹Die Flucht› wurde nach der ersten Wiederholung im Moskauer Künstlertheater verboten. Das nächste ‹Molière› wurde sofort verboten und konnte nicht wiederholt werden.»

In diesem Zusammenhang schrieb er den oben zitierten Brief, er hoffte auf Stalins Schutz. Man müsse ihm nur einfach alles erklären und er werde helfen. Bulgakow schreibt, dass viele ihm geraten hätten «ein kommunistisches Stück» zu verfassen. Aber einen solchen Versuch habe er nicht unternommen. «Ich weiß zu genau, dass solche Stücke mir nicht gelingen.»

In dem Roman ‹Der Meister und Margarita›, den Bulgakow zu diesem Zeitpunkt noch nicht vollendet hatte, spricht die Jesusfigur zu Pontius Pilatus (obwohl er weiß, dass das, was er jetzt sagt, zu seiner Hinrichtung führen wird):

прия́тно». Булга́ков то́же хо́чет говори́ть пра́вду. «Как писа́тель-сати́рик я не могу́ – и не хочу́ – отказа́ться от «чёрных и мисти́ческих кра́сок (я – мисти́ческий писа́тель), в кото́рых изображены́ бесчи́сленные уро́дства на́шего бы́та, яда, кото́рым пропи́тан мой язы́к, глубо́кого скептици́зма в отноше́нии революцио́нного проце́сса, происходя́щего в мое́й отста́лой стране́, и противопоставле́ния ему́ излю́бленной и Вели́кой Эволю́ции». Вся́кий сати́рик в СССР посяга́ет на сове́тский строй. «Мы́слим ли я в СССР? … Поги́бли не то́лько мои́ про́шлые произведе́ния, но и настоя́щие, и все бу́дущие. Все мои́ ве́щи безнадёжны. … Ны́не я уничто́жен».

Письмо́ бы́ло ото́слано. Булга́ков купи́л револьве́р. Че́рез не́сколько дней в его́ кварти́ре разда́лся звоно́к. Го́лос Ста́лина с я́вным грузи́нским акце́нтом сказа́л: «Мы ва́ше письмо́ получи́ли. Чита́ли с това́рищами. Вы бу́дете по нему́ благоприя́тный отве́т име́ть … А мо́жет быть, пра́вда – вас пусти́ть за грани́цу? Что – мы вам о́чень надое́ли?»

Булга́ков, не ожида́вший подо́бного вопро́са, не сра́зу отве́тил:

«Я о́чень мно́го ду́мал в после́днее вре́мя – мо́жет ли ру́сский писа́тель жить вне ро́дины. И мне ка́жется, что не мо́жет.»

«Вы пра́вы. Я то́же так ду́маю. Вы где хоти́те рабо́тать? В Худо́жественном теа́тре?»

«Да, я хоте́л бы. Но я говори́л об э́том, и мне отказа́ли».

«А вы пода́йте заявле́ние туда́. Мне ка́жется, что они́ соглася́тся. Нам бы ну́жно встре́титься, поговори́ть с ва́ми …».

«Es ist leicht und tut gut, die Wahrheit zu sagen.» Auch Bulgakow will die Wahrheit sagen: «Als Satiriker kann und will ich nicht von den schwarzen und mystischen Schattierungen lassen (und ich bin ein mystischer Schriftsteller), in denen ich die unzähligen Hässlichkeiten unseres Alltags dargestellt habe, von der Galle, die mir auf der Zunge liegt, von der tiefen Skepsis dem revolutionären Prozess gegenüber, der in meinem rückständigen Land vor sich geht, und auch nicht von der Gegenüberstellung der Revolution mit der von mir verehrten Großen Evolution.» Jeder Satiriker bedrohe das sowjetische Regime. «Kann ich überhaupt in der UdSSR leben? … Alle meine früheren Werke und auch die gegenwärtigen und alle zukünftigen werden vernichtet. Mein ganzes Schreiben ist hoffnungslos … Jetzt bin ich verloren.»

Bulgakow schickte den Brief ab und kaufte sich einen Revolver. Nach einigen Tagen läutete bei Bulgakow das Telefon. Stalins Stimme sagte mit deutlichem georgischem Akzent: «Wir haben Ihren Brief bekommen. Haben ihn zusammen mit den Genossen gelesen. Sie werden eine wohlwollende Antwort bekommen … Oder sollen wir Sie wirklich ausreisen lassen? Haben Sie wirklich so die Nase voll von uns?»

Bulgakow, der eine solche Frage nicht erwartet hatte, war verwirrt und antwortete nach kurzem Zögern:

«Ich habe in letzter Zeit sehr viel nachgedacht, ob ein russischer Schriftsteller außerhalb der Heimat leben kann. Und ich glaube, ich kann es nicht.»

«Sie haben recht. Ich glaube das auch. Wo möchten Sie arbeiten? Im Künstlertheater?»

«Ja, das würde ich gern. Aber ich habe mit denen schon gesprochen und sie haben mich nicht genommen.»

«Schicken Sie doch Ihre Bewerbung hin. Ich denke, die werden einverstanden sein. Wir sollten uns mal treffen und uns unterhalten …».

Булга́ков был при́нят во МХАТ режиссёром. По свиде́тельству его́ жены́, он все оста́вшиеся ему́ де́сять лет жи́зни наде́ялся на встре́чу со Ста́линым, добива́лся её, писа́л письма.

В год шестидесятиле́тия Ста́лина Булга́ков написа́л пье́су «Бату́м» о мо́лодости вождя́. Для рабо́ты над спекта́клем те́атр реши́л вы́ехать в Бату́м, на ро́дину Ста́лина. Уже́ с доро́ги их останови́ла телегра́мма. Прика́зано бы́ло верну́ться, пье́са была́ запрещена́.

Э́тот уда́р был после́дним толчко́м, вы́звавшим бы́строе прогресси́рование насле́дственного заболева́ния Булга́кова – нефросклеро́за. Че́рез не́сколько ме́сяцев он потеря́л зре́ние. Он диктова́л корректу́ры к рома́ну «Ма́стер и Маргари́та», пока́ мог говори́ть.

Булга́ков у́мер 10 ма́рта 1940 го́да. В 1946 году́ вдова́ писа́теля отпра́вила письмо́, наде́ясь что Ста́лин «захо́чет реши́ть вопро́с о пра́ве существова́ния на кни́жной по́лке собра́ния сочине́ний Булга́кова». Отве́та не пришло́.

Пе́рвый сбо́рник ей удало́сь изда́ть то́лько по́сле сме́рти Ста́лина в 1955 году́. Рома́н «Ма́стер и Маргари́та» дошёл до чита́теля то́лько во вре́мя хрущёвской о́ттепели.

Bulgakow wurde am Künstlertheater als Regisseur eingestellt. Nach den Aussagen seiner Frau hat er während der letzten zehn Lebensjahre auf ein Treffen mit Stalin gehofft, hat versucht, es zustandezubringen, hat Bittbriefe geschrieben.

Zum sechzigsten Geburtstag Stalins schrieb Bulgakow das Stück ‹Batumi› über Stalins Jugend. Für die Arbeit an dem Stück beschloss das Theater nach Batumi zu fahren, wo Stalin geboren ist. Als sie schon auf dem Weg waren, wurden sie durch ein Telegramm aufgehalten: Es wurde ihnen befohlen umzukehren, die Aufführung wurde verboten.

Dieser Schlag war zu viel für Bulgakow. Eine erblich bedingte Nierensklerose brach aus. Einige Monate später war er blind. Er diktierte die Korrekturen zu seinem Roman, solange er sprechen konnte.

Bulgakow starb am 10. März 1940. 1946 schickte die Witwe des Schriftstellers einen Brief an Stalin in dem festen Glauben, dass «Sie einen Beschluss fassen und die Frage entscheiden werden, ob die gesammelten Werke Bulgakows das Recht haben, im Bücherregal zu stehen». Es kam keine Antwort.

Der erste Band seiner Werke konnte erst nach dem Tod Stalins 1955 erscheinen. Der Roman ‹Der Meister und Margarita› gelangte erst zur Zeit des Chruschtschow-Tauwetters zu den Lesern.

«Princeps physiologorum mundi» Ива́н Па́влов

Ива́н Петро́вич Па́влов, роди́вшийся в 1849 году́ в семье́ пото́мственных священнослужи́телей, на после́днем году́ учёбы в духо́вной семина́рии прочита́л кни́гу физио́лога Се́ченова «Рефле́ксы головно́го мо́зга». Она́ переверну́ла все его́ жи́зненные пла́ны. Отказа́вшись от духо́вной карье́ры и предпочтя́ ей заня́тия физиоло́гией, он зако́нчил Моско́вский университе́т и Ме́дико-хирурги́ческую акаде́мию, получи́в зва́ние кандида́та есте́ственных нау́к и дипло́м ле́каря с отли́чием, а зате́м и зва́ние до́ктора нау́к в о́бласти медици́ны.

О́коло трёх лет Па́влов провёл в Герма́нии, рабо́тая вме́сте с наибо́лее выдаю́щимися физио́логами того́ вре́мени.

О́бластью нау́чных интере́сов Па́влова была́ систе́ма пищеваре́ния. Для её изуче́ния необходи́мо бы́ло вы́делить чи́стый пищевари́тельный сок. Де́сять лет Па́влов отраба́тывал виртуо́зную операти́вную те́хнику получе́ния фи́стулы – отве́рстия в желу́дочнокише́чном тра́кте у здоро́вого живо́тного. Ещё де́сять лет он опери́ровал со́тни живо́тных, иссле́дуя по отде́льности все уча́стки систе́мы пищеваре́ния, проводя́ о́пыты с мни́мым кормле́нием и с закольцо́выванием кише́чника, выделя́я пищевари́тельные ферме́нты и изуча́я их регуля́ции и взаимоде́йствия. В результа́те Па́влов созда́л совреме́нную физиоло́гию пищеваре́ния, получи́в мирово́е призна́ние и став в 1904 году́ пе́рвым росси́йским Но́белевским лауреа́том. По́зже он был да́же

« Princeps physiologorum mundi » Iwan Pawlow

Iwan Petrowitsch Pawlow wurde 1849 in eine Priesterfamilie geboren, in der die Männer beiderseits seit Generationen Geistliche waren. Im letzten Jahr seines Studiums am Priesterseminar las er das Buch des russischen Physiologen Iwan Setschenow: ‹Die Reflexe des Gehirns›. Dieses Buch warf Pawlows ganze Lebensplanung über den Haufen. Er beendete die Priesterlaufbahn, entschied sich für ein Physiologiestudium an der Universität Moskau und anschließend an der Akademie für Chirurgie und erlangte den Rang eines Kandidaten der Naturwissenschaften – das entspricht etwa dem Doktorgrad – und ein Diplom als Arzt mit Auszeichnung; er habilitierte und wurde Professor am Institut für experimentelle Medizin.

Drei Jahre verbrachte Pawlow in Deutschland und arbeitete dort mit den bedeutendsten Physiologen seiner Zeit zusammen.

Sein Forschungsgebiet war das Verdauungssystem. Eine Voraussetzung für die Untersuchungen war die Gewinnung reiner « Verdauungssäfte » (Enzyme). Zehn Jahre arbeitete Pawlow an einer speziellen Operationstechnik, mit der er lebenden Tieren künstliche Magen- und Darmausgänge einpflanzte. In den nächsten zehn Jahren operierte er bei hunderten von Tieren den Darm in Form eines Ringes und leitete so die Verdauung in eine « Endlosschleife ». Mit dieser Technik konnte er die einzelnen Abschnitte des Verdauungstraktes getrennt untersuchen. Er experimentierte mit der « Scheinernährung », trennte die Verdauungsenzyme auf und erforschte ihre Wirkungsweise und deren Steuerung. Damit begründete Pawlow die moderne Physiologie der Verdauung, erhielt weltweit Anerkennung und wurde 1904 der erste russische Nobelpreisträger. Später wurde er gar als der « Princeps physiolo-

при́знан старшино́й физио́логов всего́ ми́ра (princeps physiologorum mundi).

Сего́дня ма́ло кто, кро́ме физио́логов, зна́ет об э́тих заслу́гах Па́влова. Причи́ной его́ широ́кой изве́стности слу́жит экспериме́нт с выделе́нием желу́дочного со́ка у соба́к без получе́ния и́ми пи́щи. Рабо́тая с соба́ками со встро́енной в желу́док фи́стулой, Па́влов заме́тил, что слюна́ и желу́дочный сок выделя́ется у них уже́ при о́дном ви́де пи́щи. Понаблюда́в ещё, он убеди́лся, что желу́дочный сок выделя́ется у соба́к, да́же е́сли они́ то́лько слы́шат шаги́ челове́ка, кото́рый их обы́чно ко́рмит. Э́то случа́йное наблюде́ние заста́вило его́ провести́ экспериме́нт, в кото́ром кормле́ние соба́ки сопровожда́лось дополни́тельным сигна́лом – звонко́м. Че́рез не́которое вре́мя соба́ки начина́ли реаги́ровать выделе́нием пищевари́тельных со́ков на акусти́ческий сти́мул, да́же е́сли они́ не получа́ли пи́щи.

Э́та зави́симость ста́ла краеуго́льным ка́мнем уче́ния Па́влова об усло́вных и безусло́вных рефле́ксах. Наприме́р, зево́та явля́ется безусло́вным, врождённым рефле́ксом, кото́рый возника́ет неизме́нно в отве́т на раздражи́тель. Усло́вный же рефле́кс мо́жно вы́работать как отве́т на произво́льные сигна́лы (наприме́р, звоно́к). Таки́м о́бразом, врождённый рефле́кс мо́жно измени́ть («кондициони́ровать») под влиянием определённых усло́вий.

«Соба́ка Па́влова» и поня́тие усло́вного рефле́кса бы́ли испо́льзованы в но́вой о́бласти нау́ки, иссле́дующей поведе́ние челове́ка. Тео́рия Па́влова до сих пор, хотя́ и в не́сколько видоизменённой фо́рме, игра́ет ва́жную роль в поведе́нческой терапи́и (в те́хнике преодоле́ния фо́бий, отуче́ния от зави́симостей), в педаго́гике и да́же в рекла́ме.

gorum mundi», der Fürst aller Physiologen der Welt, angesehen.

Außer den Physiologen kennt heute kaum noch jemand diese Arbeiten Pawlows. Aber ein Experiment ist auch heute unter dem Namen «Pawlowscher Hund» weltberühmt. Pawlow hatte beobachtet, dass bei den Hunden mit künstlichem Magenausgang Speichel und Magensäfte zu fließen begannen, sobald die Hunde etwas zu Fressen vor sich sahen, und zwar noch bevor sie zu fressen beginnen konnten. Aber auch schon der Klang der Schritte der fütternden Person regte die Produktion der Verdauungssäfte an. Diese zufällige Beobachtung brachte Pawlow dazu, folgendes Experiment zu machen: Jedes Mal, wenn die Hunde gefüttert wurden, läutete er eine Glocke. Nach kurzer Zeit reagierten die Hunde bereits auf dieses akustische Signal mit einer Aussonderung der Verdauungssäfte, auch wenn sie danach kein Fressen bekamen.

Dieser Zusammenhang wurde zum Eckstein der Pawlowschen Lehre vom unbedingten und vom bedingten Reflex. So ist das Gähnen beispielsweise ein unbedingter Reflex, es läuft auf einen Reiz hin nach einem erblich vorgegebenen Muster ab, ohne unterbrochen werden zu können. Der bedingte Reflex dagegen lässt sich durch andere als die angeborenen Signale auslösen (zum Beispiel durch Klingeln), das angeborene Reflexmuster wird also durch erworbene Einflüsse «konditioniert».

Der «Pawlowsche Hund» und der Begriff des bedingten Reflexes waren grundlegend für einen neuen Zweig der Biologie: die spätere Verhaltensforschung. Die Theorie Pawlows spielt in abgewandelter Form auch heute noch eine große Rolle in der Verhaltenstherapie, etwa bei der Überwindung von Phobien oder der Heilung von Abhängigkeiten. Auch die Pädagogik und sogar die Werbung machten sich diese Erkenntnisse zunutze.

Павлов был убеждён, что поведение человека может определяться выработанными условными рефлексами. Хотя позднейшие исследования уточнили и пересмотрели некоторые положения павловской теории, он тем не менее остаётся одним их первых, кому удалось добиться повторяющихся результатов в экспериментах над поведением животных.

Павлов с энтузиазмом отнёсся к февральской буржуазной революции, поскольку считал, «что выборное начало должно лежать в основе всякого государственного строя», но решительно не принял октябрьского большевистского переворота. Он стал демонстративно носить царские ордена, чего никогда не делал при старом режиме, открыто посещал церковь, высказывал на лекциях студентам свою точку зрения на новый порядок, выступая против произвола, насилия, подавления свободы мысли. Как учёный и гражданин Павлов считал своим долгом подавлять в себе «рефлекс раба».

После убийства Кирова в 1934 году, которое стало началом сталинских репрессий, Павлов пишет письмо в Совнарком: «Мы жили и живём под неослабевающим режимом террора и насилия. Тем, кто злобно приговаривает к смерти массы себе подобных и с удовольствием приводит это в исполнение, (...) едва ли возможно остаться существами чувствующими и думающими человечно. (...) Тем, которые превращены в забитых животных, едва ли возможно сделаться существами с чувством собственного человеческого достоинства. (...) Пощадите же родину и нас». Только мировая слава спасла его от расправы. Ему оставалось жить ещё два года. В 1936 году Павлов умер.

Pawlow war überzeugt, dass das Verhalten eines Menschen von der Ausprägung bedingter Reflexe bestimmt wird. Wenn diese Ansicht auch von den modernen Verhaltensforschern verfeinert und relativiert wurde, ist Pawlow doch einer der ersten, denen es gelang, das tierische Verhalten durch technische Experimente so auf Einzelbausteine zu reduzieren, dass diese Experimente wiederholbare Ergebnisse lieferten.

Pawlow begrüßte die Februarrevolution, die 1917 die Zarenherrschaft beendete, voller Enthusiasmus, denn er fand, «das Recht zu Wählen sollte die Grundlage einer jeden Staatsform bilden». Die bolschewistische Oktoberrevolution lehnte er dagegen entschieden ab. Er trug demonstrativ die zaristischen Orden, was er unter dem alten Regime nie getan hatte, ging in aller Öffentlichkeit in die Kirche, legte in den Vorlesungen den Studenten seine Ansicht über die neue Staatsordnung dar und trat öffentlich gegen Willkür, Gewalt und Unterdrückung der Freiheit im Denken auf. Als Gelehrter und Mitglied der Gesellschaft hielt es Pawlow für seine Pflicht, «den Reflex des Sklaven» auf diese Weise bei sich zu unterdrücken.

Nach der Ermordung Miron Kirows (Stalins Rivalen), die den Beginn der Stalinschen Repressionen ankündigte, schreibt Pawlow 1934 einen Brief an den Sowjet der Volksdeputierten: «Wir lebten und leben zur Zeit unter einem Regime des nicht nachlassenden Terrors und der Gewalt. Denen, die auf grausamste Weise Menschenmengen zum Tod verurteilen – und mit Vergnügen die Hinrichtungen ausführen – ... wird es kaum möglich sein, menschlich fühlende und menschlich denkende Wesen zu bleiben ... Denen, die in unterdrückte Tiere verwandelt wurden, wird es kaum möglich sein, Wesen mit einer inneren Würde zu werden ... Verschont doch die Heimat und uns alle.» Allein seine weltweite Bekanntheit rettete Pawlow vor Verfolgung und Haft. Ihm blieben noch zwei Jahre, 1936 starb er.

Он сказа́л: «Пое́хали!» Ю́рий Гага́рин

«12 апре́ля 1961 го́да в Сове́тском Союзе вы́веден на орби́ту вокру́г Земли́ пе́рвый в ми́ре косми́ческий пора́бль-спу́тник «Восто́к» с челове́ком на борту́. Пило́том-космона́втом косми́ческого корабля́-спу́тника «Восто́к» явля́ется граждани́н Союза Сове́тских Социалисти́ческих Респу́блик лётчик майо́р Гага́рин Ю́рий Алексе́евич.» Э́то заявле́ние ТАСС бы́ло пе́редано радиоста́нциями всего́ ми́ра. Для сове́тского руково́дства полёт Гага́рина явля́лся но́вым свиде́тельством технологи́ческого превосхо́дства Сове́тов в о́бласти космона́втики, как и доказа́тельством преиму́ществ коммунисти́ческого стро́я в це́лом.

«С то́чки зре́ния пропага́нды, – писа́ла «Нью-Йо́рк ге́ральд трибю́н», – пе́рвый челове́к в ко́смосе сто́ит, возмо́жно, бо́лее ста диви́зий и́ли дю́жины гото́вых взлете́ть по пе́рвому прика́зу межконтинента́льных баллисти́ческих раке́т».

За четы́ре го́да до э́того в октябре́ 1957 го́да США и За́падная Евро́па пережи́ли «спу́тниковый шок» в связи́ с за́пуском пе́рвого спу́тника Земли́, показа́вшим, что в распоряже́нии Сове́тов есть межконтинента́льные раке́ты, спосо́бные доста́вить а́томные бо́мбы к це́лям в любо́й то́чке земно́го ша́ра.

Вы́бор да́ты гага́ринского полёта во мно́гом был определён состяза́нием двух полити́ческих систе́м. В Аме́рике «прыжо́к в ко́смос» А́лана Ше́парда был назна́чен на 20 апре́ля, поэ́тому Серге́й Королёв, гла́вный констру́ктор сове́тского косми́ческого корабля́, про́сто обя́зан был запусти́ть ‹Восто́к› хотя́ бы на не́сколько дней ра́ньше.

Пе́рвого космона́вта на́чали отбира́ть задо́лго до полёта. Из трёх ты́сяч пода́вших заявле́ния бы́ло ото́брано два́дцать. Кандида́т до́лжен был происходи́ть из рабо́че

Er sagte: «Fahrn wir man los!» Jurij Gagarin

«Heute, am 12. April 1961 wurde der erste bemannte Weltraumsatellit ‹Wostok› (Osten), von der Sowjetunion in die Erdumlaufbahn gebracht. Pilot des Raumschiffes ‹Wostok› ist der Staatsbürger der Union der Sowjetischen Sozialistischen Republiken, der Major der Luftstreitkräfte Gagarin Jurij Alexejewitsch.» Diese Pressemitteilung der staatlichen Nachrichtenagentur TASS wurde von allen Radiosendern der Welt übertragen. Für die Sowjetische Führung zeigte der Flug Gagarins die technische Überlegenheit der Sowjets in der Raumfahrt und bewies damit die Vorzüge des kommunistischen Systems überhaupt.

«Hinsichtlich seiner Propagandawirkung», schrieb die ‹New York Herald Tribune›, «wiegt der erste Mensch im Kosmos vielleicht mehr als hundert Divisionen auf oder ein Dutzend auf den ersten Befehl hin abschussbereiter Interkontinentalraketen».

Vier Jahre zuvor, im Oktober 1957, hatten die USA und Westeuropa den «Sputnik-Schock» erlebt, als mit dem Abschuss des ersten Satelliten in die Erdumlaufbahn gezeigt worden war, dass die Sowjets Raketen zur Verfügung hatten, die Atombomben zu einem beliebigen Ziel auf dem Erdball befördern konnten.

Die Wahl des Zeitpunktes von Gagarins Flug war vom Wettkampf zweier politischer Systeme bestimmt. In Amerika war der «Sprung in den Weltraum» durch Alan Sheppard für den 20. April geplant, daher hatte Sergej Koroljow, der Chefingenieur des sowjetischen Raumschiffs, keine andere Wahl, als «Wostok» einige Tage früher loszuschicken.

Die Auswahl des ersten Kosmonauten hatte schon lange vor dem Flug begonnen. Von dreitausend Bewerbern kamen zwanzig in die engere Wahl. Der Kandidat sollte aus einer

семьи́, быть небольшо́го ро́ста, облада́ть высо́ким у́ровнем интелле́кта, сохраня́ть споко́йствие в крити́ческой ситуа́ции и име́ть недю́женное здоро́вье.

Все́ми э́тими ка́чествами облада́л Ю́рий Гага́рин, роди́вшийся в 1934 году́ в семье́ пло́тника и колхо́зницы в небольшо́м селе́ надалеко́ от Смоле́нска. Око́нчив шесть кла́ссов шко́лы, Гага́рин по́сле войны́ получа́ет профе́ссию лите́йщика, продолжа́ет учёбу в индустриа́льном те́хникуме, начина́ет увлека́ться самолётами и занима́ется в аэроклу́бе, где в 1955 году́ сдаёт лётный экза́мен. При́званный в том же году́ на слу́жбу в а́рмию, он поступа́ет в вое́нное авиацио́нное учи́лище, по́сле кото́рого слу́жит вое́нным лётчиком в частя́х истреби́тельной авиа́ции Се́верного фло́та. Узна́в о набо́ре кандида́тов для испыта́ния но́вой лётной те́хники, Гага́рин в 1959 году́ пи́шет ра́порт с про́сьбой зачи́слить его́ в таку́ю гру́ппу. В ма́рте 1960 го́да начина́ются регуля́рные заня́тия по програ́мме подгото́вки космона́втов. Че́рез год Гага́рин со слова́ми «Пое́хали!» соверша́ет свой легенда́рный полёт. За 108 мину́т э́того а́прельского у́тра Гага́рин облете́л впервы́е Земно́й шар и откры́л косми́ческую э́ру.

На него́ обру́шилась сла́ва, ра́вной кото́рой ещё не́ было в исто́рии. Его́ откры́тая, мальчи́шеская улы́бка замелька́ла на страни́цах миро́вой пре́ссы. Ка́дры кинохро́ники сохрани́ли улыба́ющегося Гага́рина, уве́ренной похо́дкой шага́ющего по кра́сной доро́жке, что́бы отда́ть ра́порт Хрущёву; Гага́рина на трибу́не Мавзоле́я Ле́нина во вре́мя пра́здничных демонстра́ций москвиче́й; Гага́рина в кругосве́тном путеше́ствии в ка́честве посла́нца и «визи́тной ка́рточки» Сове́тского Сою́за: Гага́рин стои́т в откры́той маши́не, вокру́г все крича́т, поздравля́ют его́, броса́ют цветы́, а он про́сто улыба́ется им в отве́т. В ка́ждой стране́ он был геро́ем, а в Сове́тском Сою́зе – куми́ром.

Arbeiterfamilie stammen, nicht zu groß sein, einen hohen Intelligenzquotienten haben, in kritischen Situationen die Ruhe bewahren und von außerordentlich robuster Gesundheit sein.

Alle diese Eigenschaften besaß Jurij Gagarin, geboren 1934 als Sohn eines Zimmermanns und einer Kolchosebäuerin in einem kleinen Dorf in der Nähe von Smolensk. Nach dem Krieg hatte er mit der sechsten Klasse die Schule beendet, war zum Gießer ausgebildet worden und hatte dann das Industrietechnikum besucht. Er begann sich für Flugzeuge zu interessieren und trat in einen Fliegerklub ein, wo er 1955 das Fliegerexamen ablegte. Im selben Jahr wurde er zum Wehrdienst einberufen, in der Luftwaffenschule als Düsenjägerpilot ausgebildet und dann einer Kampffliegerabteilung der Nordflotte der Marine zugeteilt. Als er von einem Auswahlverfahren für Testpiloten für neue Luft- und Raumfahrttechnik erfuhr, schrieb Gagarin 1959 ein Gesuch mit der Bitte, ihn in diese Gruppe aufzunehmen. Im März 1960 begann das Vollzeittraining im Rahmen des Vorbereitungsprogramms für Kosmonauten. Ein Jahr später startete er mit den Worten « Fahrn wir man los ! » zu seinem legendären Flug. An diesem Aprilmorgen umkreiste Gagarin in 108 Minuten zum ersten Mal den Erdball und eröffnete damit das Raumfahrtzeitalter.

Über ihn brach ein Ruhm herein, der in der Geschichte seinesgleichen sucht. Sein gewinnend lachendes Jungengesicht war in allen Zeitungen. Die Filmchroniken haben den lächelnden Gagarin bewahrt, wie er mit festem Schritt über den roten Platz auf Chruschtschow zugeht, um ihm Bericht zu erstatten, Gagarin auf der Tribüne des Lenin-Mausoleums bei dem Festumzug der Moskauer, Gagarin auf seiner Weltreise als Botschafter und « Visitenkarte » der Sowjetunion : Er steht im offenen Cabrio und alle jubeln ihm zu, werfen Blumen, und er lächelt nur. In jedem Land war er ein Held, in der Sowjetunion aber ein Idol.

Он – депута́т Верхо́вного Сове́та, член ЦК ВЛКСМ, Президе́нт всевозмо́жных о́бществ, Геро́й Сове́тского Сою́за и Геро́й ЧССР, НРБ и НРВ, облада́тель мно́жества почётных золоты́х меда́лей и дипло́мов.

По́сле полёта он у́чится в Вое́нно-возду́шной инжене́рной акаде́мии, стано́вится замести́телем нача́льника Це́нтра подгото́вки космона́втов, уча́ствует в руково́дстве полётами «Восто́к», «Восхо́д» и «Сою́з». Гага́рин мечта́л опя́ть полете́ть в ко́смос.

27 ма́рта 1968 го́да пе́рвый космона́вт Земли́ поги́б, выполня́я обы́чный трениро́вочный полёт. Юрий Гага́рин был с по́честями похоро́нен у Кремлёвской стены́.

Писа́тель и стенографи́стка Фёдор Достое́вский и А́нна Сни́ткина

В 1864 году́ Достое́вский пережи́л одну́ за друго́й две тяжёлых утра́ты: в ма́е умерла́ по́сле до́лгой боле́зни его́ жена́, че́рез два ме́сяца он похорони́л и ста́ршего бра́та, с кото́рым был осо́бенно бли́зок. В письме́ своему́ дру́гу он пи́шет: «Вся жизнь переломи́лась ра́зом на́двое. В одно́й полови́не, кото́рую я перешёл, бы́ло всё, для чего́ я жил, а в друго́й, неизве́стной ещё полови́не, всё чу́ждое, и ни одного́ се́рдца, кото́рое могло́ бы мне замени́ть тех обо́их.»

Крити́ческим бы́ло и фина́нсовое положе́ние писа́теля. На рука́х Фёдора Михайловича оста́лись па́сынок и многочи́сленное семе́йство бра́та. А гла́вное – ему́ пришло́сь взять на себя́ бо́лее 15 ты́сяч рубле́й до́лга, кото́рый оста́лся по́сле закры́тия

Er wurde Abgeordneter des Obersten Sowjet, Mitglied des Zentralkomitees der Komsomolzen (der Parteijugendorganisation), Präsident aller möglichen Organisationen, Held der Sowjetunion und Held der Tschechischen Republik, Bulgariens und Vietnams, Besitzer einer großen Anzahl von Medaillen und Urkunden.

Nach dem Flug studiert er in der Ingenieurakademie für Luftstreitkräfte, wird stellvertretender Leiter des Trainingszentrums für Kosmonauten und ist an der Leitung der Raumfahrten von «Wostok», «Woschod» und «Sojus» beteiligt. Gagarin träumte immer davon, noch einmal in den Weltraum zu fliegen.

Am 27. März 1968 verunglückte der erste Kosmonaut der Welt während eines Übungsflugs. Jurij Gagarin erhielt ein Ehrengrab an der Kremlmauer.

Der Schriftsteller und die Stenografin Fjodor Dostojewskij und Anna Snitkina

1864 erlitt Fjodor Dostojewskij zwei schwere Verluste nacheinander. Im Mai war seine Frau nach langer Krankheit gestorben und zwei Monate später begrub er auch seinen Bruder, der ihm sehr nahe stand. In einem Brief an seinen Freund schreibt er: «Mein Leben ist auf einmal in zwei Hälften zerbrochen. In der einen Hälfte, die hinter mir liegt, war alles, für das ich gelebt habe, und in der anderen Hälfte, die mir noch bevorsteht, ist alles fremd und kein Herz, das mir die beiden ersetzen könnte.»

Kritisch war auch die finanzielle Lage des Schriftstellers. Er musste für seinen Stiefsohn und die große Familie seines Bruders aufkommen. Und schlimmer noch: Er hatte von seinem Bruder mehr als fünfzehntausend Rubel Schulden übernommen, die nach dem Einstellen der Zeitschrift

журна́ла «Эпо́ха», издава́вшегося бра́том. Кредито́ры угрожа́ли тюрьмо́й в слу́чае невы́платы до́лга. К доведённому до отча́яния Достое́вскому яви́лся изда́тель Стелло́вский с предложе́нием купи́ть права́ на изда́ние по́лного собра́ния сочине́ний. По контра́кту Фёдор Миха́йлович обя́зывался написа́ть ещё и но́вый рома́н в де́сять печа́тных листо́в и сдать его́ не поздне́е 1 ноября́ 1866 го́да. Са́мым неприя́тным бы́ло дополни́тельное усло́вие: е́сли Достое́вский не сдаст ру́копись в срок, Стелло́вский получа́ет пра́во в тече́ние девяти́ лет публикова́ть всё его́ произведе́ния, не платя́ за них ни копе́йки. Не ви́дя друго́го вы́хода, Достое́вский подпи́сывает контра́кт.

Всю весну́ и ле́то 1866 го́да Достое́вский лихора́дочно рабо́тает над на́чатым ра́нее рома́ном «Преступле́ние и наказа́ние». Он бу́дто забыва́ет о сро́ках. В сентябре́ Фёдор Миха́йлович прихо́дит в у́жас, осозна́в невозмо́жность в полтора́-два ме́сяца написа́ть ещё оди́н рома́н. Друзья́ предлага́ют вы́ручить его́ из беды́ и писа́ть сообща́, раздели́в рома́н на не́сколько часте́й. Достое́вский отка́зывается. Кому́-то в го́лову прихо́дит спаси́тельная иде́я – наня́ть стенографи́стку. Э́то бы́ло тогда́ де́лом но́вым, Достое́вский ещё не про́бовал так рабо́тать, но вы́бора не́ было.

4 октября́ в кварти́ру Достое́вского постуча́ла двадцатиле́тняя А́нна Григо́рьевна Сни́ткина, учени́ца ку́рсов стеногра́фии. Э́то был её пе́рвый зака́з. Она́ зна́ла все кни́ги Достое́вского, он был люби́мым писа́телем её отца́.

«Ни оди́н челове́к в ми́ре, ни пре́жде, ни по́сле, не производи́л на меня́ тако́го тяжёлого, поисти́не удруча́ющего впечатле́ния, како́е произвёл на

‹Epoche›, die sein Bruder herausgegeben hatte, übrig geblieben waren. Die Gläubiger drohten ihm mit Gefängnis, wenn er nicht bezahlen würde. In dieser hoffnungslosen Lage kam der Verleger Stellowskij auf den verzweifelten Dostojewkij zu mit dem Vorschlag, eine Gesamtausgabe aller bereits veröffentlichten Werke herauszubringen. In dem Vertrag verpflichtete sich Fjodor Michailowitsch auch, einen neuen Roman mit zehn Druckbögen (240 Seiten) zu schreiben und ihn bis zum 1. November 1866 abzugeben. Unangenehm war eine zusätzliche Klausel: Wenn Dostojewskij das Manuskript nicht termingerecht abliefern würde, hätte Stellowskij das Recht, alle seine Werke neun Jahre lang ohne jegliches Autorenhonorar zu publizieren. Dostojewskij unterschrieb den Vertrag. Er sah keinen anderen Ausweg.

Den ganzen Frühling und den ganzen Sommer 1866 über war Dostojewskij noch fieberhaft mit der Arbeit an einem anderen, dem bereits begonnenen Roman ‹Verbrechen und Strafe› beschäftigt, als hätte er den Abgabetermin für den neuen Roman vergessen. Im September kam es ihm mit Entsetzen zu Bewusstsein, dass er unmöglich in eineinhalb bis zwei Monaten einen weiteren Roman würde schreiben können. Freunde wollten ihm aus der Bedrängnis helfen und schlugen ihm vor, gemeinsam einen Roman zu schreiben, indem sie ihn unter sich aufteilten. Dostojewskij lehnte ab. Da kam irgendjemand die rettende Idee, eine Stenografin anzustellen. Die Stenografie war damals etwas ganz Neues, Dostojewskij hatte noch nie damit gearbeitet; aber es blieb ihm keine andere Wahl.

Am vierten Oktober klopfte die zwanzigjährige Anna Grigorjewna Snitkina, Schülerin eines Stenografiekurses, an Dostojewskijs Wohnungstür. Es war ihr erster Auftrag. Sie kannte alle Bücher Dostojewskijs, denn er war der Lieblingsschriftsteller ihres Vaters.

«Kein anderer Mensch auf der Welt vorher oder nachher hat auf mich einen so bedrückenden, geradezu belastenden

меня̇ Фёдор Миха̇йлович в пе̇рвое на̇ше свида̇ние», – записа̇ла она̇ спустя̇ мно̇го лет в свои̇х воспомина̇ниях. Он был похо̇ж на педаго̇га, «и лицо̇ его̇ показа̇лось мне дово̇льно злым. Оно̇ носи̇ло како̇е-то стра̇нное выраже̇ние». Но уже̇ че̇рез па̇ру часо̇в, когда̇ Достое̇вский предложи̇л А̇нне вы̇пить ча̇ю с бу̇лкой и завёл с ней разгово̇р о её роди̇телях, об учёбе и пла̇нах на жизнь, де̇вушке показа̇лось, что она̇ давно̇ уже̇ его̇ зна̇ет, и «на душе̇ ста̇ло легко̇ и прия̇тно».

Пото̇м разгово̇р перешёл на самого̇ Достое̇вского. А̇нна зна̇ла, что он как уча̇стник революцио̇нного кружка̇ Петраше̇вского был приговорён к сме̇ртной ка̇зни. «По̇мню, – говори̇л он, – как стоя̇л на Семёновском плацу̇ среди̇ осуждённых това̇рищей и, ви̇дя приготовле̇ния, знал, что мне остаётся жить всего̇ пять мину̇т. Но э̇ти мину̇ты представля̇лись мне года̇ми, деся̇тками лет, так, каза̇лось, предстоя̇ло мне до̇лго жить! На нас уже̇ оде̇ли сме̇ртные руба̇шки и раздели̇ли по тро̇е, я был восьмы̇м, в тре̇тьем ряду̇ . . . Как мне хоте̇лось жить, го̇споди бо̇же мой! Как дорога̇ каза̇лась жизнь, ско̇лько до̇брого, хоро̇шего мог бы я сде̇лать! Мне припо̇мнилось всё моё про̇шлое, не совсе̇м хоро̇шее его̇ употребле̇ние, и так захоте̇лось всё испыта̇ть и жить до̇лго, до̇лго . . .

Вдруг послы̇шался отбо̇й, и я ободри̇лся. Това̇рищей мои̇х отвяза̇ли от столбо̇в, привели̇ обра̇тно и прочита̇ли но̇вый пригово̇р: меня̇ присуди̇ли на четы̇ре го̇да в ка̇торжную рабо̇ту. Не запо̇мню друго̇го тако̇го счастли̇вого дня! Я ходи̇л по свое̇му казема̇ту в Алексе̇евском равели̇не и всё пел, гро̇мко пел, так рад был даро̇ванной мне жи̇зни!»

От э̇того расска̇за у А̇нны «прошёл моро̇з по ко̇же». Но бо̇льше всего̇ её удиви̇ло, что э̇тот по ви̇ду

Eindruck gemacht, wie Fjodor Michailowitsch bei unserer ersten Begegnung», schrieb sie viele Jahre später in ihren Erinnerungen. «Er sah aus wie ein Oberlehrer, und sein Gesicht erschien mir ziemlich grimmig. Es hatte einen ganz eigenartigen Ausdruck.» Aber schon nach ein paar Stunden, als Dostojewskij Anna Tee und Süßigkeiten anbot und sie in ein Gespräch über ihre Eltern, ihr Studium und ihre Lebenspläne verwickelte, erschien es der jungen Frau, als ob sie ihn schon lange kennte und es wurde ihr «leicht und froh ums Herz».

Dann kam das Gespräch auf Dostojewskijs Leben. Anna wusste, dass er als Mitglied der revolutionären Gruppe um Petraschewskij zum Tode verurteilt worden war: «Ich erinnere mich», sagte er, «wie ich auf dem Semjonowskij-Platz zusammen mit den verurteilten Kameraden stand, die Vorbereitungen sah und wusste, dass ich nur noch fünf Minuten zu leben hatte. Diese Minuten erschienen mir wie Jahre oder Jahrzehnte, ja, mir war so, als stünde mir ein langes Leben bevor. Wir hatten schon die Totenhemden an und wurden jeweils zu dritt aufgestellt. Als Achter stand ich in der dritten Reihe ... Wie groß war mein Verlangen zu leben, o Gott! Das Leben erschien mir so kostbar, wie viel Gutes und Schönes hätte ich noch tun können! Das ganze vergangene Leben zog an mir vorüber; ich hatte es nicht immer richtig genutzt und ich wollte unbedingt noch alles erfahren und noch sehr lange leben ...

Da hörten wir ein Trompetensignal und ich schöpfte Hoffnung. Man band meine Kameraden von den Pfosten los und führte sie zurück. Ein neues Urteil wurde verlesen. Ich erhielt vier Jahre Zwangsarbeit. Ich kann mich nicht erinnern, jemals wieder einen so glücklichen Tag erlebt zu haben! Ich lief durch meine Zelle im Alexejewskij-Gefängnis und sang die ganze Zeit, sang laut, so froh war ich über das mir geschenkte Leben!»

Bei dieser Erzählung bekam Anna «eine Gänsehaut». Am

скрытный и суровый человек рассказывал ей, почти девочке, которую он видел в первый раз, свою прошлую жизнь с такими подробностями, «так искренно и задушевно». Это ей «понравилось и оставило чудесное впечатление».

Работа началась. Она приходила каждый день к двенадцати часам и оставалась до четырёх. Достоевский скоро освоился с новым способом работы и уже не чувствовал стеснения. Между диктовками они пили чай и разговаривали, причём Достоевский каждый день раскрывал какую-нибудь новую печальную картину своей жизни, рассказывал о своём тяжёлом и безрадостном детстве, о годах учёбы в мрачном Инженерном замке в Петербурге, где над воспитанниками витала тень задушенного здесь императора Павла; о припадках эпилепсии, об аресте и восьмимесячном пребывании в Петропавловской крепости, о каторге. «Глубокая жалость невольно закрадывалась в моё сердце, – вспоминала Анна Григорьевна, – при его рассказах о тяжёлых обстоятельствах, из которых он, по-видимому, никогда не выходил, да и выйти не мог.» Анна втайне очень гордилась, что помогая «великому писателю», она видела, что он отдыхает с ней душой. Достоевский вспоминал о загранице, о своих путешествиях и встречах, о болезни и смерти жены два года назад, говорил и о своих изменах ей, жаловался на свои долги.

Как-то раз девушка не выдержала и спросила: «Зачем, Фёдор Михайлович, вы вспоминаете только об одних несчастиях? Расскажите лучше, как вы были счастливы.»

«Счастлив? Да счастья у меня ещё не было, по крайней мере, такого счастья, о котором я постоянно мечтал.»

meisten erstaunte sie, dass dieser zurückhaltende und strenge Mann ihr sein vergangenes Leben in so vielen Einzelheiten und so «offenherzig und vertraulich» erzählte. Sie war doch fast noch ein Kind und er sah sie heute zum ersten Mal. «Das gefiel mir sehr und hinterließ bei mir einen wunderbaren Eindruck.»

Die Arbeit begann. Anna kam jeden Tag um zwölf Uhr mittags und blieb bis vier Uhr nachmittags. Dostojewskij gewöhnte sich schnell an die neue Art zu arbeiten und empfand sie bald nicht mehr als Einengung. Zwischen den Diktaten tranken sie Tee und redeten. Dostojewskij offenbarte Anna jeden Tag andere Ereignisse aus seinem Leben, erzählte von seiner schweren und freudlosen Kindheit, von den Studienjahren in dem finsteren «Ingenieurschloss» in Petersburg, wo über den Zöglingen der Schatten des hier ermordeten Zaren Paul I. schwebte, von seinen epileptischen Anfällen, von seiner Gefangennahme und dem achtmonatigen Gefängnisaufenthalt in der Peter-und-Paul- Festung, von der Zwangsarbeit in Sibirien. «Bei den Erzählungen von den unglücklichen Umständen, aus denen er anscheinend nie herausgekommen war und auch nicht herauskommen konnte, schlich sich unmerklich ein tiefes Mitgefühl in mein Herz», erinnerte sich Anna Grigorjewna. Sie war insgeheim sehr stolz, dass sie dem «großen Schriftsteller» helfen konnte, sie sah, dass bei ihr seine Seele auftaute. Dostojewskij dachte an sein Leben im Ausland zurück, an Reisen und Begegnungen, an die Krankheit und den Tod seiner Frau vor zwei Jahren. Er sprach auch von seiner Untreue und klagte über seine Schulden.

Irgendwann hielt es das Mädchen nicht mehr aus und fragte: «Warum, Fjodor Michailowitsch, erinnern Sie sich immer nur an unglückliche Dinge? Erzählen Sie doch lieber davon, wie Sie glücklich waren.»

«Glücklich? Nein, glücklich war ich noch nie. Jedenfalls habe ich nicht das Glück erfahren, von dem ich immer geträumt habe.»

Конечно, разговоры заходили и о его страсти к игре в рулетку, Анна узнавала Фёдора Михайловича в главной фигуре «Игрока», романа, который он ей диктовал. Наверное, она догадывалась и о том, что и в геройне романа изображена жёнщина, которую он любил.

Говорили они и о браке. Анне уже через неделю знакомства почему-то казалось, что он непременно сделает ей предложение. Она даже немножко боялась этого, потому что не знала, что на это ответить. «Нравился он мне очень, но всё-таки как-то пугала его раздражительность и его болезнь».

Она очень любила к нему приходить и становилась всё грустнее при мысли, что скоро это закончится. Когда она пришла к нему в последний раз, принеся переписанное за ночь, ей показалось, что Достоевский хочет что-то сказать, но не решается, краска покрыла его лицо. Для неё это был знак, что он её любит, «может быть, даже очень любит». Рукопись была сдана в срок.

Через несколько дней Достоевский сделал Анне Григорьевне предложение, и она согласилась. Брак оказался прочным и счастливым. «Каждую ночь ты мне снишься» – писал Достоевский в письмах жене. «И вот я убедился, Аня, что я не только люблю тебя, но и влюблён в тебя, что ты единая моя госпожа, и это после 12 лет!» Анна Григорьевна стала его секретарём и казначеем, воспитывала детей, была стенографисткой, корректором, критиком и издателем. Утешала его, сносила припадки гнева и эпилепсию. В последние несколько лет жизни он почти не страдал от этой болезни, может быть, благодаря Анне Григорьевне.

Natürlich berührten ihre Gespräche auch seine Leidenschaft, das Roulettespiel. Anna erkannte in Fjodor Michailowitsch die Hauptgestalt im ‹Spieler›, dem Roman, den er ihr diktierte. Wahrscheinlich erriet sie ebenfalls, dass in der weiblichen Hauptfigur des Romans eine Frau beschrieben war, die er früher geliebt hatte.

Sie sprachen auch über die Ehe. Anna hatte schon nach einer Woche ihrer Bekanntschaft das Gefühl gehabt, er könnte ihr eines Tages einen Heiratsantrag machen. Sie hatte ein bisschen Angst davor, weil sie nicht wusste, was sie darauf antworten sollte. « Er gefiel mir sehr, doch ich hatte irgendwie auch Angst vor seiner Reizbarkeit und seiner Krankheit. »

Sie kam gern zu ihm und wurde immer trauriger bei dem Gedanken, dass das bald ein Ende haben würde. Als Anna Grigorjewna Dostojewskij das letzte Mal aufsuchte, um ihm das zu bringen, was sie über Nacht ins Reine geschrieben hatte, errötete er, und es kam ihr so vor, als ob er etwas sagen wollte, aber sich nicht traute. Das war für sie ein Zeichen, dass er sie liebte, « vielleicht sogar sehr liebte ». Das Manuskript wurde termingerecht abgegeben.

Wenige Tage danach machte Dostojewskij Anna Grigorjewna einen Heiratsantrag und sie willigte ein. Die Ehe erwies sich als stabil und sehr glücklich. « Jede Nacht träume ich von Dir » schrieb Dostojewskij in den Briefen an seine Frau. « Und so habe ich gemerkt, Anna, dass ich Dich nicht nur liebe, sondern dass ich sogar in Dich verliebt bin, dass Du meine einzige Herrin bist, und das nach zwölf Jahren ! ». Anna Grigorjewna wurde seine Sekretärin und Buchhalterin, zog die gemeinsamen Kinder groß, war daneben Stenografin, Redakteurin, Kritikerin und Verlegerin. Sie tröstete ihn, ertrug seine Wutanfälle und seine Epilepsie. Vielleicht war es Anna Grigorjewna zu verdanken, dass Dostojewskij in den letzten Jahren seines Lebens kaum mehr unter dieser Krankheit litt.

Лев Толсто́й сказа́л одна́жды не без отте́нка за́висти: «Мно́гие ру́сские писа́тели чу́вствовали бы себя́ лу́чше, е́сли бы у них бы́ли таки́е жёны, как у Достое́вского …»

«О духо́вном в иску́сстве» Васи́лий Канди́нский

Васи́лий Канди́нский – оди́н из худо́жников, определи́вших разви́тие иску́сства XX ве́ка: с его́ «Абстра́ктной акваре́ли» (1918 год) начина́ется исто́рия совреме́нного абстра́ктного иску́сства.

Канди́нский роди́лся в 1866 году́ в Москве́ в семье́ коммерса́нта, вы́рос в Оде́ссе, зако́нчил класси́ческую гимна́зию, мно́го занима́лся рисова́нием с ча́стными учи́телями, игра́л на фортепья́но и виолонче́ли. Зако́нчив Моско́вский университе́т, где изуча́л он пра́во и эконо́мику, и защити́в диссерта́цию, он вдруг отка́зывается от предло́женного ме́ста профе́ссора в Де́рптском университе́те и уезжа́ет в 1896 году́ в Мю́нхен. Здесь он поступа́ет в изве́стную худо́жественную шко́лу Анто́на Ашбе́, а зате́м продолжа́ет образова́ние у Фра́нца фон Шту́ка в Мю́нхенской Акаде́мии иску́сств. Че́рез пять лет он осно́вывает худо́жественное объедине́ние «Фала́нга», а ещё че́рез во́семь возглавля́ет со́зданное в Мю́нхене Но́вое объедине́ние худо́жников. В объедине́ние вхо́дят худо́жники-авангарди́сты, пыта́ющиеся найти́ но́вый изобрази́тельный язы́к, вобра́вший в себя́ о́пыт импрессиони́зма и экспрессиони́зма.

По призна́нию самого́ Канди́нского, в его́ понима́нии иску́сства сыгра́ли осо́бую роль карти́ны Моне́, Ре́мбрандта, му́зыка Ва́гнера, я́ркие кра́ски ру́сского наро́дного тво́рчества. В его́ рабо́тах заме́тны и следы́ моде́рна, с его́ осо́бым отноше́нием к ли́нии как к

Tolstoj hat einmal, nicht ohne Neid, gesagt: «Viele russische Schriftsteller hätten sich besser gefühlt, wenn sie so eine Frau gehabt hätten wie Dostojewskij.»

«Über das Geistige in der Kunst» Wassilij Kandinsky

Wassilij Kandinsky ist einer der Künstler, die die Entwicklung der Malerei des zwanzigsten Jahrhunderts bestimmt haben: Mit seinen «Abstrakten Aquarellen» (1918) beginnt die Geschichte der modernen abstrakten Kunst.

Kandinsky wurde 1866 in Moskau in einer kaufmännischen Familie geboren, wuchs in Odessa auf, besuchte ein humanistisches Gymnasium, nahm Zeichenunterricht bei verschiedenen Privatlehrern, spielte Klavier und Cello. Nach seiner Promotion an der Moskauer Universität, wo er Rechtswissenschaften und Ökonomie studiert hatte, schlägt er völlig unerwartet eine Professorenstelle an der Universität von Derpt aus und reist 1896 nach München. Dort besucht er die Künstlerschule von Anton Ažbe und führt seine Ausbildung bei Franz von Stuck an der Münchener Akademie der Bildenden Künste fort. Fünf Jahre später gründet er die Künstlervereinigung «Phalanx», und weitere acht Jahre später wird er Leiter der in München gegründeten «Neuen Künstlervereinigung». Zu dieser Gruppe gehören avantgardistische Künstler, die versuchen, eine neue Bildsprache zu entwickeln und impressionistische und expressionistische Elemente zu verbinden.

Kandinsky hat von sich gesagt, dass sein Kunstverständnis von Bildern der Maler Monet und Rembrandt, von der Musik von Wagner, aber auch durch die Farbintensität der russischen Volkskunst beeinflusst worden sei. Man erkennt in seinen Werken den Jugendstil mit seiner besonderen

живо́му существу́, и влия́ние символи́зма с его́ проры́вом к духо́вному.

В 1911 году в изда́тельстве «Пи́пер» выхо́дит кни́га Канди́нского «О духо́вном в иску́сстве», кото́рая даёт теорети́ческое обоснова́ние абстракциони́зма и стано́вится своего́ ро́да Би́блией но́вого иску́сства. По слова́м худо́жника, абстра́ктная карти́на проника́ет в глуби́ны челове́ческого ду́ха с по́мощью чи́сто живопи́сной компози́ции, че́рез кра́ски и фо́рму. «Мо́жно освободи́ться от посре́дничества предме́тности, е́сли нам уда́стся вступи́ть в пряму́ю связь с Униве́рсумом». Для Канди́нского карти́на – это христиа́нское открове́ние, худо́жник слы́шит духо́вное «звуча́ние» ка́ждого предме́та и стреми́тся вы́разить его́ сре́дствами своего́ иску́сства. Э́то парадокса́льным о́бразом сближа́ет карти́ны Канди́нского с ру́сскими ико́нами. В тео́рии худо́жника нахо́дит отраже́ние его́ интере́с к теосо́фии – мисти́ческому уче́нию Еле́ны Блава́тской и антропосо́фии Рудо́льфа Шта́йнера.

В 1911 году́ Канди́нский расхо́дится с Но́вым объедине́нием худо́жников и вме́сте с Фра́нцем Ма́рком создаёт гру́ппу «Си́ний вса́дник». И́ми провозглаша́ется по́лная свобо́да форма́льных по́исков, гла́вным крите́рием кото́рых слу́жит «вну́тренняя необходи́мость». В гру́ппу вхо́дят А́вгуст Макке́, Габриэ́ла Мю́нтер, Мариа́нна Верёвкина, Алексе́й Явле́нский. В двух больши́х вы́ставках, организо́ванных «Си́ним вса́дником», поми́мо инициа́торов уча́ствуют представи́тели ра́зных худо́жественных направле́ний, кото́рые ка́ждый по-сво́ему эксперименти́руют с фо́рмой: Кле́е, Бурлю́к, Ларио́нов, Мале́вич, Делоне́, Пика́ссо, Бра́к.

Посети́в в 1911 году́ конце́рт Арно́льда Шёнберга, Канди́нский пи́шет компози́тору восто́рженное письмо́: «Прожива́ние со́бственной судьбы́ отде́ль-

Hervorhebung der Linie, die wie ein Lebewesen in den Bildern hervortritt, und auch den Symbolismus mit seiner Suche nach dem Geistigen.

1911 erscheint im Piper Verlag Kandinskys Buch ‹Über das Geistige in der Kunst›, das die theoretische Grundlage für die abstrakte Kunst liefert, und zu einer Art Bibel der neuen Kunst wird: Laut Kandinsky erreicht ein abstraktes Gemälde den menschlichen Geist schon allein durch die Zusammenstellung von Farben und Formen. Wir könnten von der Gegenständlichkeit befreit werden, wenn es uns gelänge, direkt mit dem Universum in Verbindung zu treten. Ein Bild ist für Kandinsky eine religiöse Offenbarung: Der Künstler lauscht dem geistigen «Klang» eines jeden Gegenstandes und strebt danach, diesen mit den Mitteln seiner Kunst auszudrücken. Das verbindet auf paradoxe Weise die Bilder Kandinskys mit den russischen Ikonen. In den theoretischen Auslegungen des Künstlers zeigt sich auch sein Interesse für die Theosophie – eine mystische Lehre von Helena Blavatskaja – und für die Anthroposophie von Rudolf Steiner.

Ebenfalls 1911 tritt Kandinsky aus der «Neuen Künstlervereinigung» aus und gründet zusammen mit Franz Marc die Gruppe «Blauer Reiter». Den beiden Malern geht es um die absolute Freiheit des Künstlers bei der Suche nach der geeigneten Form; zum wichtigsten Kriterium dafür wird die «innere Notwendigkeit». Der Gruppe schließen sich August Macke, Gabriele Münter, Marianne von Werefkin und Alexej von Jawlensky an. An zwei großen Ausstellungen, die der «Blaue Reiter» veranstaltete, beteiligen sich neben den Mitgliedern auch Vertreter anderer Richtungen, die auf ihre eigene Art mit Formen experimentieren: Klee, Burliuk, Larionow, Malewitsch, Delaunay, Picasso und Braque.

Nach einem Konzert von Arnold Schönberg 1911 schreibt Kandinsky einen begeisterten Brief an den Komponisten: Das eigenständige Leben der einzelnen Elemente, die Selb-

ными элеме́нтами, самостоя́тельность отде́льных голосо́в в Ва́ших компози́циях – э́то то, чего́ я пыта́юсь доби́ться в мои́х изобрази́тельных фо́рмах». «Сего́дня́шнюю гармо́нию», счита́л Канди́нский, мо́жно найти́ то́лько на антилоги́ческом пути́, на пути́ «диссона́нса в иску́сстве», как в жи́вописи, так и в му́зыке. Ме́жду худо́жником и компози́тором завя́зывается дру́жба.

Канди́нский отказа́лся от предме́тности и перспекти́вного изображе́ния. Шёнберг ушёл от традицио́нной тона́льности. Лет че́рез де́сять по́сле э́того паралле́льно возни́кли «атона́льная» тео́рия Шёнберга и геометриза́ция форм у Канди́нского.

Ещё бу́дучи преподава́телем в «Фала́нге» Канди́нский сближа́ется со свое́й учени́цей Габриэлой Мюнтер. Поско́льку Канди́нский жена́т, им прихо́дится скрыва́ть свою́ связь. Лишь через не́сколько лет он разво́дится с жено́й, оста́вшейся в Росси́и. Канди́нский и Мюнтер мно́го путеше́ствуют за грани́цу, а в 1909 году́ поселя́ются в бава́рской дереву́шке Мурна́у – в ку́пленном Габриэлой до́мике, получи́вшем назва́ние «Ру́сского до́ма», с ви́дом на живопи́сное о́зеро и А́льпы.

Худо́жественная и организа́торская де́ятельность Канди́нского в Мюнхене прерыва́ется пе́рвой мирово́й войно́й. Он возвраща́ется в Росси́ю, где не́которое вре́мя чу́вствует себя́ чужи́м.

Револю́ция 1917 го́да и свя́занный с ней всплеск аванга́рдного иску́сства, даю́т, каза́лось бы, Канди́нскому небыва́лый шанс воплоти́ть в жизнь иде́и си́нтеза ра́зных ви́дов иску́сств и си́нтеза нау́ки и иску́сства. Он пыта́ется вы́яснить закономе́рности возде́йствия на мозг челове́ка разли́чных цвето́в и геометри́ческих форм. Паралле́льно к о́пытам в о́бласти иску́сства Канди́нский ведёт акти́вную обще́ственную жизнь: уча́ствует в организа́ции охра́ны па́мятников, в созда́нии Музе́я живопи́сной культу́ры, явля́ется

ständigkeit der einzelnen Stimmen in dessen Kompositionen sei genau das, was er auch in den von ihm dargestellten Formen zu erreichen versuche. Gegenwärtig sei Harmonie allein auf dem antilogischen Weg zu finden, auf dem Weg der «Dissonanzen in der Kunst», in der Malerei, wie in der Musik. Der Maler Wassilij Kandinsky und der Komponist Arnold Schönberg werden Freunde.

Kandinsky lehnte die Gegenständlichkeit ab und löste die Perspektive auf. Schönberg verließ die traditionelle Tonalität. Mehr als zehn Jahre später tauchten etwa gleichzeitig Schönbergs Begriff «Zwölftonmusik» und Kandinskys Begriff «Geometrisierung der Formen» auf.

Schon während der Zeit der «Phalanx» freundet sich Kandinsky mit seiner Schülerin Gabriele Münter an. Er ist bereits verheiratet, die Verbindung soll verborgen bleiben. Erst Jahre später lässt er sich von seiner Frau scheiden, die noch in Russland lebt. Gabriele Münter und Wassilij Kandinsky unternehmen viele Auslandsreisen, wohnen aber von 1909 an zusammen in dem bayerischen Dorf Murnau in Münters Haus – heute als «Russen-Haus» bekannt – mit dem malerischen Blick auf den Staffelsee und die Alpen.

Die künstlerische und veranstalterische Tätigkeit Kandinskys in München wird durch den Ersten Weltkrieg unterbrochen. Kandinsky kehrt nach Russland zurück, wo er sich lange Zeit fremd fühlt.

Die Revolution 1917 und die durch sie ausgelöste Welle avantgardistischer Kunst bieten Kandinsky eine, wie es scheint, einmalige Chance, seine Idee der Synthese der verschiedenen Künste und auch der Synthese von Wissenschaft und Kunst zu verwirklichen. Er untersucht die Gesetzmäßigkeiten, mit denen unterschiedliche Farben und geometrische Formen auf das menschliche Gehirn wirken. Parallel zu seinen künstlerischen Versuchen nimmt Kandinsky engagiert am öffentlichen Leben teil: Er ist für den Denkmalschutz tätig, gründet das Museum der Malerei,

членом художественной коллегии Наркомпроса и вице-президентом Российской академии художественных наук.

Но уже в 1921 году авангардизм оказывается «чуждым народу», не отвечает главным критериям официальной художественности – правдивости и доступности. Уехав в Германию, Кандинский работает по приглашению Вальтера Гропиуса преподавателем в Баухаузе в Дессау. С приходом к власти националсоциалистов в 1933 году он покидает Германию, гражданство которой получил незадолго до этого. Через три года его картины выставляются на печально знаменитой выставке «Дегенеративного искусства» в Мюнхене.

Кандинский эмигрирует в Париж и проводит последние одиннадцать лет жизн, продолжая свой творческие поиски и создавая новые полотна, которые он сам называл «поистине живописной сказкой».

«Я научила женщин говорить …» Анна Ахматова

Отец Ани Горенко, узнав о том, что дочь печатается в журналах, просил не срамить его имени. Аня взяла фамилию своей прабабушки, чей род восходил к татарскому хану Ахмату. Муж, известный поэт Николай Гумилёв, услышав её первые стихи, сказал: «А может быть, ты лучше будешь танцевать? Ты гибкая…» А когда её стихи получили признание на литературном вечере, Гумилёв заметил: «Аннушка ещё и по канве замечательно вышивает!»

ist Mitglied im Kunstausschuss des Kultusministeriums und Vizepräsident der «Russischen Akademie der künstlerischen Wissenschaften».

Doch schon 1921 wird die avantgardistische Kunst in Russland als «volksfremd» bezeichnet, da sie den offiziellen Kunstkriterien nicht entspricht: Die Kunst soll wahrheitsgetreu abbilden und verständlich sein. Wieder nach Deutschland ausgewandert, arbeitet Kandinsky auf Einladung von Walter Gropius als Dozent am Bauhaus in Dessau. Nach der Machtergreifung der Nationalsozialisten 1933 verlässt er Deutschland, dessen Staatsbürgerschaft er kurz zuvor noch bekommen hat. Drei Jahre später werden seine Bilder in der berüchtigten Ausstellung «Entartete Kunst» in München gezeigt.

Kandinsky emigriert nach Paris, setzt in den letzten elf Jahre seines Lebens die schöpferische Suche fort und malt neue Bilder, die er selbst als «wahrlich malerische Märchen» bezeichnete.

«Ich habe die Frauen das Sprechen gelehrt» Anna Achmatowa

Als der Vater Anna Gorenkos erfuhr, dass seine Tochter ihre Gedichte in Zeitschriften veröffentlichte, bat er sie, seinen Namen nicht zu blamieren. Anna nahm daraufhin den Namen ihrer Urgroßmutter an, die von dem tatarischen Khan Achmat abstammte. Ihr Mann, der berühmte Dichter Nikolaj Gumiljow, sagte, als er ihre ersten Gedichte hörte: «Vielleicht solltest du lieber tanzen? Du bist so gelenkig.» Und als ihre Gedichte auf einem literarischen Abend Anerkennung fanden, bemerkte er: «Meine liebe Anna kann auch wunderbar sticken!»

«Я научи́ла же́нщин говори́ть», – писа́ла Ахма́това в одно́м из по́здних свои́х стихотворе́ний. Она́ вписа́ла своё и́мя в кано́н ру́сской литерату́ры, что́ до тех пор не удало́сь ни одно́й из сочиня́ющих стихи́ же́нщин.

Она́ родила́сь в 1889 году́ в Оде́ссе, но посеща́ла же́нскую гимна́зию в Ца́рском селе́ под Петербу́ргом, где всё дыша́ло поэ́зией Пу́шкина. Стихи́ писа́ть начала́ уже́ в оди́ннадцать лет. В четы́рнадцать А́нна, высо́кая, сму́глая худа́я де́вушка, с то́нким про́филем и неповтори́мой «горби́нкой» но́са, с чёрными дли́нными волоса́ми и коро́ткой, прямо́й чёлкой, покори́ла се́рдце начина́ющего поэ́та Никола́я Гумилёва, кото́рый, в ду́хе символи́стской тради́ции, гото́в был поклоня́ться ей, Прекра́сной Да́ме, умира́ть от неразделённой любви́ (три́жды по́сле её отка́за он соверша́л театра́льные попы́тки самоуби́йства), писа́ть стихи́ и соверша́ть по́двиги. Че́рез семь лет А́нна дала́ согла́сие на брак. Че́рез два го́да у них роди́лся сын, но семья́ так и не сложи́лась.

Он люби́л три ве́щи на све́те:
За вече́рней пе́нье, бе́лых павли́нов
И стёртые ка́рты Аме́рики.
Не люби́л, когда́ пла́чут де́ти,
Не люби́л ча́я с мали́ной
И же́нской исте́рики.
... А я была́ его́ жено́й.

Сын воспи́тывался у ба́бушки. В год рожде́ния сы́на вы́шел и пе́рвый сбо́рник стихо́в Ахма́товой. Хотя́ бы́ло напеча́тано всего́ три́ста экземпля́ров, её стихи́ ста́ли сра́зу изве́стными. Одно́й-двумя́ строка́ми, благодаря́ то́чно обрисо́ванным дета́лям, Ахма́това отобража́ла душе́вное состоя́ние

«Ich habe die Frauen das Sprechen gelehrt», schreibt Anna Achmatowa in einem ihrer letzten Gedichte. Sie hat ihren Namen in den Kanon der russischen Literatur geschrieben, was zuvor noch keiner dichtenden Frau gelungen war.

Anna Achmatowa wurde 1889 in Odessa geboren, besuchte aber das Mädchengymnasium in Zarskoje Selo bei Sankt Petersburg. Dort war alles von der Poesie Puschkins durchdrungen. Schon mit elf Jahren begann sie Gedichte zu schreiben. Als sie vierzehn war, gewann Anna, ein großes schlankes, sonnengebräuntes Mädchen mit zartem Profil und einem einzigartigen «Hakennäschen», mit langen schwarzen Haaren und kurzem geraden Pony, das Herz des angehenden Dichters Nikolaj Gumiljow. Dieser war – ganz im Geiste des Symbolismus – bereit, sie als «Schöne Dame» anzubeten, an unerwiderter Liebe zu sterben (dreimal unternahm er nach einem Korb von ihr einen theatralischen Selbstmordversuch), Gedichte für sie zu schreiben und Heldentaten zu vollbringen. Nach sieben Jahren willigte Anna endlich in die Heirat ein. Zwei Jahre später wurde ein Sohn geboren, doch eine richtige Familie wurden sie nicht.

Er mochte drei Dinge auf der Welt:
Den Abendmahlsgesang, weiße Pfauen
Und verblichene Landkarten von Amerika.
Er mochte es nicht, wenn Kinder weinen,
Er mochte keinen Tee mit Himbeerkonfitüre
Und keine hysterischen Anfälle von Frauen.
... Und ich – war seine Frau.

Den Sohn erzog die Großmutter. Im Geburtsjahr des Sohnes erschien auch der erste Band der Gedichte von Anna Achmatowa. Obwohl nur dreihundert Exemplare gedruckt wurden, waren ihre Gedichte bald berühmt. Mit ein, zwei Zeilen, dank genau gezeichneter Details, stellte Anna Achmatowa den Seelenzustand des «lyrischen Ich» dar und vermittel-

лири́ческой геро́ини и дава́ла «всю огро́мную сло́жность и психологи́ческое бога́тство ру́сского рома́на XIX ве́ка» (О́сип Мандельшта́м).

Я на пра́вую ру́ку наде́ла
Перча́тку с ле́вой руки́.

«В э́том двусти́шии – вся же́нщина», – говори́ла поэ́т Мари́на Цвета́ева.

Стихи́ Ахма́товой – э́то нове́ллы, «откры́тые» рома́ны, а иногда́ – заключи́тельные а́кты траге́дии.

Хо́чешь знать, как всё э́то бы́ло?
Три в столо́вой проби́ло,
И, проща́ясь, держа́сь за пери́ла,
Она́ сло́вно с трудо́м говори́ла:
«Э́то всё . . . Ах, нет, я забы́ла,
Я люблю́ вас, я вас люби́ла
Ещё тогда́!» –
«Да».

До револю́ции (в 1914 году́ – в кану́н пе́рвой миро́вой войны́, и в 1917 году́) вы́шли ещё два сбо́рника Ахма́товой. Она́ стано́вится всеросси́йски изве́стным поэ́том. Е́ю восхища́ются, в неё влюбля́ются, ей посвяща́ют стихи́ са́мые изве́стные поэ́ты, и са́мые изве́стные худо́жники пи́шут её портре́ты (Модилья́ни, с кото́рым она́ познако́милась в 1910 году́ в Пари́же, посвяти́л ей це́лый цикл портре́тов).

«Ца́рственная, вели́чественная, удиви́тельно краси́вая, блиста́тельно остроу́мная» – вот слова́, кото́рые ча́ще всего́ встреча́ются в воспомина́ниях совреме́нников об Ахма́товой.

Револю́цию Ахма́това не приняла́ сра́зу и навсегда́. Но и уе́хать за грани́цу, как сде́лали мно́гие, не захоте́ла.

te – so Ossip Mandelstam – « die ganze Komplexität und den psychologischen Reichtum des russischen Romans des 19. Jahrhunderts ».

Ich streifte über die rechte Hand
den Handschuh der linken.

« In diesen zwei Verszeilen wird die ganze Frau sichtbar », hat die Dichterin Marina Zwetajewa einmal gesagt.

Die Gedichte Anna Achmatowas sind wie Novellen, wie Romane mit offenem Ende, manchmal wie die letzten Szenen einer Tragödie.

Willst du wissen, wie alles war?
Im Esszimmer schlug es drei,
Und beim Abschied, die Hand schon am Geländer,
Sagte sie, als ob es ihr schwerfiele:
« Das ist alles ... Ach nein, ich vergaß:
Ich liebe Sie, hab Sie
Schon damals geliebt. »
« Ja ».

Bis zur Revolution erschienen zwei weitere Bände von Anna Achmatowa: 1914 – am Vorabend des Ersten Weltkriegs – und 1917. Sie war nun eine in ganz Russland bekannte Dichterin. Alle waren von ihr begeistert, man verliebte sich in sie, die berühmtesten Dichter widmeten ihr Gedichte, die berühmtesten Maler schufen ihr Portrait (Modigliani, den sie 1910 in Paris kennenlernte, widmete ihr einen ganzen Zyklus).

Würdevoll, majestätisch, unglaublich schön, brillant, geistreich, das sind die Worte, die einem in den Zeugnissen der Zeitgenossen über Anna Achmatowa am häufigsten begegnen.

Die Revolution hat sie von Anfang an und für immer abgelehnt. Aber sie wollte auch nicht ins Ausland gehen, wie viele es taten.

В 1921 году́ – аресто́ван и расстре́лян Гумилёв, обвинённый в ко́нтрреволюцио́нном за́говоре. И хотя́ брак их к тому́ вре́мени уже́ распа́лся, казнь Гумилёва наложи́ла отпеча́ток на всю дальне́йшую судьбу́ Ахма́товой. В 1921 и 1922 года́х ещё выхо́дят два её сбо́рника, а пото́м её перестаю́т печа́тать. По́сле ещё одного́ неуда́чного бра́ка Ахма́това остаётся без своего́ угла́, живёт вме́сте с бы́вшей семьёй тре́тьего му́жа. Бе́дность, почти́ нищета́, отсу́тствие возмо́жности печа́таться, как и невозмо́жность твори́ть в усло́виях, когда́ из жи́зни вырыва́ются са́мые бли́зкие лю́ди:

Про́сто мне петь не хо́чется
Под звон тюре́мных ключе́й . . .
. . . Прохо́дят десятиле́тья,
Пы́тки, ссы́лки и сме́рти – петь я
В э́том у́жасе не мо́гу.

В 1935 году́ аресто́ваны её сын и муж. Ахма́това прово́дит «семна́дцать ме́сяцев в тюре́мных очередя́х», что́бы хоть что́-то узна́ть, хоть ка́к-то помо́чь. С ней стоя́т ты́сячи несча́стных же́нщин, потеря́вших, как и она́, муже́й и сынове́й. «Же́нщина с голубы́ми губа́ми . . . спроси́ла меня́ на́ ухо (там все говори́ли шёпотом): – А э́то вы мо́жете описа́ть? И я сказа́ла: – Могу́.» Так появи́лась поэ́ма «Ре́квием», посвящённая всем же́ртвам ста́линского терро́ра, напи́санная о них и от их и́мени:

И е́сли зажму́т мой изму́ченный рот,
Кото́рым кричи́т стомильо́нный наро́д,
Пусть так же они́ помина́ют меня́
В кану́н моего́ погреба́льного дня.

1921 wurde Nikolaj Gumilew verhaftet und erschossen, er war der konterrevolutionären Verschwörung bezichtigt worden. Die Ehe war zu diesem Zeitpunkt bereits geschieden, aber seine Hinrichtung prägte das weitere Leben Anna Achmatowas. 1921 und 1922 erschienen noch zwei Gedichtbände, dann wurde nichts mehr von ihr gedruckt. Nach einer zweiten unglücklichen Ehe blieb sie ohne Dach überm Kopf zurück und musste dann in einer Wohnung mit ihrem dritten Mann, dessen früherer Frau und seiner Tochter leben. Die Armut, das Elend, die Unmöglichkeit zu veröffentlichen, aber auch die Tatsache, dass sie nicht arbeiten konnte, wenn die ihr nahestehenden Menschen aus ihrem Leben verschwanden.

Ich will einfach nicht singen
Beim Klang der Gefängnisschlüssel …
… Es vergehen Jahrzehnte mit
Folter, Verbannung und Tod – singen
Kann ich in diesem Grauen nicht.

1935 kamen ihr Sohn und ihr Mann ins Gefängnis. Achmatowa verbrachte «siebzehn Monate in Schlangen vor Gefängnistoren», um etwas über ihr Schicksal zu erfahren, um beiden irgendwie zu helfen. Mit ihr zusammen standen Tausende von verzweifelten Frauen Schlange, die wie sie Söhne und Männer verloren hatten. «Eine Frau mit blauen Lippen … Fragte mich leise (dort sprachen alle im Flüsterton): ‹Und das können Sie beschreiben?› Und ich sagte: ‹Ja.›» So entstand das Poem ‹Requiem›, allen Opfern des stalinistischen Terrors gewidmet, über sie und in ihrem Namen geschrieben:

Und wenn mein gequälter Mund zugedrückt wird,
Mit dem ein Hundertmillionenvolk schreit,
So sollen sie sich auch meiner erinnern
Am Vorabend meiner Beerdigung.

Ахма́това, привы́кшая к аре́стам, о́быскам и изъя́тиям черновико́в, да́же не запи́сывала сочинённые ею строки, она́ чита́ла их шёпотом по частя́м наедине́ подру́гам (их бы́ло оди́ннадцать, и никто не предал!), а те зау́чивали поэму наизу́сть.

Ахма́това зараба́тывает на жизнь перево́дами и иссле́дованиями тво́рчества Пу́шкина. В го́ды войны́ печа́таются не́сколько её патриоти́ческих стихотворе́ний. Для спасе́ния сы́на Ахма́това написа́ла стихи ко дню рожде́ния Ста́лина, обрати́лась к нему́ с про́сьбой. Сы́на освободи́ли. Но за э́тим аре́стом после́довали второ́й и тре́тий. Лишь в 1956 году́ он был реабилити́рован, а муж так и поги́б в ла́гере.

В 1946 году́ выхо́дит постановле́ние ЦК с разгро́мной кри́тикой Ахма́товой, где её поэ́зия признаётся чу́ждой наро́ду, где клейма́тся «посты́дные взгля́ды на роль и призва́ние же́нщины», а сама́ Ахма́това, «с её ма́ленькой, у́зкой ли́чной жи́знью, ничто́жной и религио́зно- мисти́ческой эро́тикой», называ́ется «полумона́хиней и полублудни́цей».

Лишь смерть Ста́лина и разоблаче́ние ку́льта ли́чности да́ли возмо́жность Ахма́товой печа́таться. Она́ смогла́ да́же вы́ехать за грани́цу в 1964 году́ для присужде́ния ей междунаро́дной поэти́ческой пре́мии «Э́тна-Таорми́на» в И́талии, а в 1965 за её нау́чные рабо́ты в о́бласти пушкинове́дения О́ксфордский университе́т присво́ил ей почётную сте́пень до́ктора литерату́ры. В Ло́ндоне и Пари́же, куда́ она́ зае́хала на обра́тном пути́, она́ смогла́ сно́ва встре́титься со свои́ми ста́рыми друзья́ми. Она́ вспомина́ла мо́лодость и проща́лась с жи́знью.

Ахма́това умерла́ 5 ма́рта 1966 го́да – в годовщи́ну сме́рти Ста́лина, кото́рую она́ ежего́дно привы́кла

Achmatowa, gewöhnt an Verhaftungen, Hausdurchsuchungen, Beschlagnahmungen von Manuskripten, hat die gedichteten Strophen nicht aufgeschrieben, sie hat sie im Flüsterton unter vier Augen bald dieser, bald jener Freundin vorgetragen. Elf Freundinnen hatte sie, die das Poem auswendig lernten. Keine hat sie verraten.

Anna Achmatowa verdiente ihren Lebensunterhalt mit Übersetzungen und der Forschung an Puschkins Werk. Während des Zweiten Weltkrieges wurden einige ihrer patriotischen Gedichte veröffentlicht. Um ihren Sohn zu retten, schrieb sie ein Gedicht zu Stalins Geburtstag und richtete ein Bittgesuch an ihn. Der Sohn kam frei. Aber es folgten noch ein zweiter und ein dritter Gefängnisaufenthalt. Erst 1956 wurde er endgültig rehabilitiert, der Ehemann jedoch kam im Lager um.

1946 erscheint ein Beschluss des Zentralkomitees der Partei, mit einer vernichtenden Kritik an Anna Achmatowa, er stempelt ihre Poesie als «dem Volke fremd» und ihre «Ansichten von der Rolle und Berufung der Frau» als «schändlich» ab. Die Dichterin selbst «mit ihrem kleinen, engen persönlichen Leben, ihrer nichtigen religiös-mystischen Erotik» wird «halb Nonne und halb Hure» genannt.

Erst der Tod Stalins und die Entlarvung des Persönlichkeitskultes gaben Anna Achmatowa die Möglichkeit zu veröffentlichen. Sie durfte 1964 sogar ins Ausland reisen, um den internationalen Literaturpreis «Etna-Taormina» in Italien in Empfang zu nehmen. 1965 wurde ihr für ihre wissenschaftliche Arbeit auf dem Gebiet der Puschkinforschung die Ehrendoktorwürde der Universität Oxford verliehen. In London und Paris, wo sie auf dem Rückweg Station machte, konnte sie sich wieder mit ihren alten Freunden treffen. Sie gedachte ihrer Jugend und nahm Abschied vom Leben.

Anna Achmatowa starb am 5. März 1966, an Stalins Todestag, den sie jedes Jahr feierte. Weil die Machthaber Un-

отмечать. Опасаясь волнений, власти долго не разглашали места, где должно было произойти захоронение. В конце концов был выделен участок в Комарово. Толпы людей провожали её в последний путь.

«Умирают в России страхи, Словно призраки прошлых лет …» Дмитрий Шостакович

На эти стихи Евгения Евтушенко Шостакович написал свою 13 симфонию – в особом, свойственном ему жанре: симфония с вокалом. Может быть, Шостаковичу показалось, что страх, сопровождавший его почти всю его жизнь, ушёл в прошлое. Но не исключено, что это было лишь заклинание страха.

Шёл 1962 год – время хрущёвской оттепели. Шостаковичу очень хотелось жить без страха за близких, без страха лишиться возможности творить, без страха стать автором «антинародной музыки», остаться без средств к существованию. За два года до этого он вступил в партию, которую он считал виновной в преступлениях сталинской эпохи. Хрущёв заставил. Читая по бумажке на собрании в Союзе Композиторов написанное за него заявление: «Всем, что есть во мне хорошего, я обязан …» – вместо ритуальной концовки: «Коммунистической партии и Советскому правительству» – он драматически выкрикнул: «… моим родителям!» Вечером Шостакович позвал детей в кабинет, сказал: «Меня загнали в партию» – и заплакал.

ruhen befürchteten, gaben sie lange nicht bekannt, wo die Beerdigung stattfinden sollte. Schließlich wurde ihr ein Platz in Komarowo zugeteilt. Eine riesige Menschenmenge begleitete sie auf ihrem letzten Weg.

«Die Angst in Russland vergeht, wie die Gespenster der vergangenen Jahre …» Dmitrij Schostakowitsch

Auf diese Verse von Jewgenij Jewtuschenko schrieb Schostakowitsch seine dreizehnte Symphonie – in Form einer ungewöhnlichen, von ihm geschaffenen Gattung, der Vokalsymphonie. Vielleicht schien es ihm, dass die Angst, die ihn fast sein ganzes Leben begleitet hatte, mit Stalin der Vergangenheit angehörte. Es ist aber auch nicht ausgeschlossen, dass er die Angst beschwören wollte, zu verschwinden.

Es war 1962, die Zeit des von Chruschtschow eingeleiteten Tauwetters. Schostakowitsch wollte so gern die Angst hinter sich lassen: die Angst um seine Nächsten, die Angst vor dem Verbot seiner Arbeit, die Angst, als Schöpfer einer «volksfeindlichen Musik» abgestempelt zu werden und seine Existenzgrundlage zu verlieren. Zwei Jahre zuvor war er in die Partei eingetreten, die er doch für schuldig an den Verbrechen der Stalinära hielt. Chruschtschow hatte ihm keine andere Wahl gelassen. Als er auf der Versammlung des Komponistenverbandes sein Parteiaufnahmegesuch verlesen hatte, das mit den rituellen Worten endete: «Alles, was gut an mir ist, verdanke ich …», rief er statt der üblichen Schlussformel «der kommunistischen Partei und dem sowjetischen Staat» pathetisch aus: «meinen Eltern!» Am Abend holte er seine Kinder zu sich ins Arbeitszimmer und sagte: «Sie haben mich in die Partei getrieben» und brach in Tränen aus.

Шостако́вич роди́лся в 1906 году́ в семье́ хи́мика и пиани́стки. Он был о́чень одарённым ребёнком, облада́вшим абсолю́тным слу́хом. Его́ пе́рвые сочине́ния, напи́санные в во́зрасте одинна́дцати-двена́дцати лет, ста́ли музыка́льным о́ткликом на пережи́тые им потрясе́ния, свя́занные с собы́тиями в революцио́нной Росси́и: «Гимн свобо́де» и «Тра́урный марш па́мяти жертв револю́ции». Уже́ здесь прояви́лось его́ ка́чество, кото́рое позво́лит по́зже музыкове́дам называ́ть его́ «музыка́льным летопи́сцем эпо́хи».

Совреме́нники вспомина́ли, что Ми́тя был «ху́деньким ма́льчиком, с то́нкими, поджа́тыми губа́ми, с у́зким, чуть горба́тым но́сиком, в очка́х, старомо́дно опра́вленных блестя́щей ни́точкой мета́лла, абсолю́тно бесслове́сный, серди́тый бу́ка ... Когда́ же он сади́лся за огро́мный роя́ль, ху́денький ма́льчик перерожда́лся в о́чень де́рзкого музыка́нта».

В трина́дцать лет он поступи́л в Петрогра́дскую консервато́рию, в девятна́дцать лет её око́нчил. Дире́ктору консервато́рии Глазуно́ву его́ му́зыка каза́лась «отврати́тельной», он признава́лся, что «не слы́шит» её, чита́я партиту́ру, но при э́том утвержда́л, что «вре́мя принадлежи́т э́тому ма́льчику» и ока́зывал ему́ фина́нсовую подде́ржку. Дипло́мной рабо́той Шостако́вича ста́ла его́ Пе́рвая симфо́ния, о кото́рой совреме́нники отзыва́лись как о «но́вой страни́це в исто́рии ру́сской му́зыки».

О́перы «Нос» и «Ле́ди Ма́кбет Мце́нского уе́зда» ста́ли проявле́нием его́ нова́торских о́пытов, о́пытов о́строй сати́ры и гроте́ска в му́зыке.

Поста́вленная в 1934 году́, «Ле́ди Ма́кбет» с успе́хом шла почти́ два го́да в Москве́ и Ленингра́де, пока́ её не посмотре́л Ста́лин. Он ушёл, не дослу́шав о́перы. На сле́дующий день в «Пра́вде» появи́лась статья́

Dmitrij Dmitrijewitsch Schostakowitsch wurde 1906 geboren. Sein Vater war Chemiker, seine Mutter Pianistin. Er war ein sehr begabtes Kind und besaß das absolute Gehör. Seine ersten Kompositionen schrieb er mit elf oder zwölf Jahren: ‹Die Hymne auf die Freiheit› und ‹Trauermarsch zum Gedenken an die Opfer der Revolution› waren die musikalische Antwort auf seine erschütternden Erlebnisse während der Revolution in Russland. In beiden Stücken zeigte sich bereits die Eigenart seines Komponierens, deretwegen ihn später die Musikwissenschaftler «den musikalischen Chronisten der Epoche» genannt haben.

Die Zeitgenossen erinnerten sich, dass Mitja «ein zartes Knäblein» war «mit dünnen, zusammengepressten Lippen, einem schmalen, etwas buckligen Näschen, mit einer Brille, die altmodische, glänzende Metallbügel hatte, sehr schweigsam, von trotzigem Gesichtsausdruck ... Sobald er sich aber an den riesigen Flügel setzte, verwandelte sich das zarte Kerlchen in einen selbstbewusst kecken Musiker ... »

Mit dreizehn kam er ans Petersburger Konservatorium, mit neunzehn machte er dort seinen Abschluss. Alexander Glasunow, der Direktor des Konservatoriums, hielt die Musik für «abscheulich», er gab zu, dass er sie «nicht hören konnte», wenn er die Partitur las, aber er erkannte, dass «diesem Knaben die Zukunft gehört» und förderte ihn auch finanziell. Als Diplomarbeit schrieb Schostakowitsch seine ‹Erste Symphonie›, von der ein Zeitgenosse sagte, sie habe «eine neue Seite in der Geschichte der russischen Musik aufgeschlagen».

Seine Opern ‹Die Nase› und ‹Lady Macbeth von Mzensk› waren dann erste Beispiele experimenteller Versuche, scharfe Satire und Groteske musikalisch auszudrücken.

‹Lady Macbeth von Mzensk›, 1934 uraufgeführt, wurde fast zwei Jahre lang mit Erfolg in Moskau und Leningrad gespielt – bis Stalin eine Aufführung besuchte. Er verließ das Theater, bevor die Oper zu Ende war. Am nächsten Tag

«Сумбу́р вме́сто му́зыки», где о́пера была́ на́звана «позо́рным пятно́м в исто́рии сове́тской му́зыки», а му́зыка компози́тора – «вреди́тельской». О́перу запрети́ли.

В э́то вре́мя у двере́й кварти́ры Шостако́вич поста́вил чемода́нчик с са́мыми необходи́мыми веща́ми – на слу́чай аре́ста. Он публи́чно призна́л кри́тику па́ртии «справедли́вой», по́сле чего́ Ста́лин «прости́л» раска́явшегося компози́тора.

С э́того моме́нта Шостако́вич зашифро́вывает свои́ посла́ния в му́зыке, в наде́жде, что пу́блика разгада́ет их – е́сли не сейча́с, то в бу́дущем. По свиде́тельству друзе́й, «мя́гкий, усту́пчивый, подча́с нереши́тельный в бытовы́х дела́х, э́тот челове́к в гла́вном своём, в сокрове́нной су́щности свое́й был твёрд, как ка́мень». В письме́ своему́ дру́гу Шостако́вич писа́л: «Е́сли мне отру́бят ру́ки – возьму́ перо́ в зу́бы и всё равно́ бу́ду писа́ть му́зыку ...»

Компози́тор при́нял для себя́ реше́ние, что его́ публи́чные заявле́ния не бу́дут отража́ть его́ по́длинных взгля́дов. По слова́м его́ жены́, он «ненави́дел е́здить за грани́цу»: ему́ прети́ла необходи́мость лгать. По той же причи́не избега́л журнали́стов. У него́ до́ма над телефо́ном висе́л спи́сок лиц и организа́ций, соединя́ть с кото́рыми категори́чески запреща́лось. Пе́рвым пу́нктом зна́чилось: «Все газе́ты и журна́лы».

Ста́лин игра́л с Шостако́вичем в ко́шки-мы́шки, так же, как с Булга́ковым. Награ́ды сменя́лись гоне́ниями и наоборо́т. Пять раз, в том числе в 1942 году́ (за знамени́тую Седьму́ю симфо́нию, испо́лненную в блока́дном Ленингра́де) он был удосто́ен Ста́линской пре́мии – вы́сшей сове́тской награ́ды.

erschien in der Zeitung ‹Prawda› (Wahrheit) der Artikel «Wirrwarr statt Musik», in dem die Oper als «Schandfleck in der Geschichte der sowjetischen Musik» bezeichnet wurde und die Musik Schostakowitschs als «schädlich». Die Oper wurde verboten.

Zu dieser Zeit hatte Schostakowitsch einen Koffer mit den notwendigsten Dingen neben der Wohnungstür stehen – für den Fall seiner Verhaftung. Öffentlich erkannte er die Kritik der Partei als «gerecht» an, woraufhin Stalin dem reuigen Komponisten «verzieh».

Von da an verschlüsselte Schostakowitsch seine musikalischen Botschaften, in der Hoffnung, dass sein Publikum sie enträtseln würde – wenn nicht jetzt, so doch in der Zukunft. «Gutmütig, nachgiebig und manchmal unentschlossen in Alltagsdingen des Lebens, war dieser Mensch im Wesentlichen, im Kern hart wie Stein», befanden seine Freunde. In einem Brief an seinen Freund schrieb Schostakowitsch: «Wenn sie mir die Hände abhacken, werde ich die Feder zwischen die Zähne nehmen und trotzdem Musik schreiben ...»

Der Komponist traf für sich die Entscheidung, dass seine öffentlichen Erklärungen nicht seine wahren Ansichten widerspiegeln würden. Nach den Worten seiner Frau «hasste er es, ins Ausland zu reisen»; der Zwang zu lügen war ihm zuwider. Aus demselben Grund wich er Journalisten aus. Zuhause über seinem Telefon hing eine Liste von Personen und Organisationen, mit denen ihn niemand telefonisch verbinden durfte. An erster Stelle stand: «Alle Zeitungen und Zeitschriften».

Stalin spielte mit Schostakowitsch Katz und Maus, genauso wie mit Bulgakow. Offizielle Anerkennung und Ungnade wechselten miteinander ab. Immerhin bekam er insgesamt fünfmal den Stalinpreis – die höchste sowjetische Auszeichnung – unter anderem 1942 für seine berühmte ‹Siebte Symphonie›, die er während der Blockade von Leningrad komponiert hatte.

В 1948 году́ вы́шло Постановле́ние ВКП(б) о «формали́стах» в му́зыке. В нём его́ му́зыка на́звана «нагроможде́нием зву́ков», «какофо́нией», «антинаро́дной». Его́ уво́лили из консервато́рии и Союза компози́торов, оста́вив без сре́дств к существова́нию.

В 1949-м Ста́лину пона́добилось, что́бы компози́тор вы́ехал в США для уча́стия в междунаро́дной конфере́нции. Шостако́вич отказа́лся. Ста́лин позвони́л ему́ домо́й, что́бы узна́ть причи́ну отка́за. «Что же я пое́ду, когда́ моя́ му́зыка запрещена́?»

Буква́льно на сле́дующий день появи́лось Постановле́ние ЦК с вы́говором Гла́врепертко́му и отме́ной запре́та му́зыки Шостако́вича. Ему́ предоставля́лись но́вая больша́я кварти́ра, зи́мняя да́ча, обслу́живание в Кремлёвской поликли́нике, автомоби́ль и де́ньги в разме́ре 100 000 рубле́й.

В Аме́рике Шостако́вичу по́сле его́ выступле́ния был за́дан вопро́с, согла́сен ли он с кри́тикой совреме́нных компози́торов в сове́тской пре́ссе. «С кри́тикой согла́сен», – сказа́л Шостако́вич, и с э́того моме́нта он стал восприима́ться на За́паде как ру́пор коммунисти́ческой идеоло́гии, а его́ му́зыка – как сове́тская пропага́нда.

Его́ жизнь и тво́рчество остаются зага́дкой. Когда́ начали́сь ста́линские репре́ссии, у него́ был вы́бор. Он мог откры́то вы́разить проте́ст и поги́бнуть. Мог уйти́ в тень и отказа́ться от музыка́льной карье́ры. Шостако́вич вы́брал тре́тий путь – он скры́лся под ма́ской.

Сужде́ния о нём в воспомина́ниях, статья́х и диссерта́циях о́чень противоречи́вы. Сего́дня, сто лет спустя́ по́сле его́ рожде́ния, музыкове́ды, дирижёры и профессора́ му́зыки ищут и нахо́дят в его́

1948 wurde ein Parteibeschluss über die «Formalisten» in der Musik veröffentlicht. Darin wurde Schostakowitschs Musik als eine «Anhäufung von Lärm» bezeichnet, als «Kakophonie» und als «volksfeindlich». Er wurde aus dem Komponistenverband ausgeschlossen, verlor seine Stelle am Konservatorium und damit seine Lebensgrundlage.

1949 hielt es Stalin für geboten, dass der Komponist zu einer internationalen Konferenz in die USA reiste. Schostakowitsch lehnte ab. Stalin rief ihn zuhause an, um den Grund für die Ablehnung zu erfahren. «Warum sollte ich fahren, wo doch meine Musik verboten ist?»

Buchstäblich am nächsten Tag gab es einen Beschluss des Zentralkomitees, der die Spielplanbehörde abmahnte und das Verbot von Schostakowitschs Musik aufhob. Er erhielt eine neue große Wohnung, eine Winterdatscha, die Betreuung durch die Poliklinik des Kreml, ein Auto und hunderttausend Rubel.

In Amerika wurde Schostakowitsch nach seinem Vortrag die Frage gestellt, ob er mit der Kritik an den zeitgenössischen Komponisten in der sowjetischen Presse einverstanden sei. Schostakowitsch sagte: «Ich bin einverstanden mit der Kritik.» Von diesem Moment an betrachtete man ihn im Westen als Sprachrohr der kommunistischen Ideologie und seine Musik als sowjetische Propaganda.

Sein Leben und sein Werk bleiben ein Rätsel. Zu Beginn der stalinschen Verfolgungen hatte er die Wahl: Er hätte offen Protest äußern und umkommen können. Oder er hätte untertauchen und der musikalischen Karriere entsagen können. Schostakowitsch wählte einen dritten Weg: Er versteckte sich hinter einer Maske.

Was man über ihn in Erinnerungen, Artikeln und wissenschaftlichen Arbeiten liest, ist sehr widersprüchlich. Heute, hundert Jahre nach seiner Geburt, suchen und finden Musikkritiker, Dirigenten und Musikprofessoren in

партиту́рах всё но́вые доказа́тельства того́, что его́ тво́рчество явля́ется ле́тописью важне́йших собы́тий и траге́дий двадца́того ве́ка, отража́ет таки́е ве́чные те́мы, как отча́яние, страх, наси́лие, сме́рть, облада́ет невероя́тной си́лой и одновре́менно создаёт ощуще́ние рани́мости. Сего́дня Шостако́вич – оди́н из са́мых исполня́емых компози́торов двадцатого ве́ка.

До́ктор Че́хов
Анто́н Че́хов

Анто́н Па́влович Че́хов роди́лся в 1860 году́ в Таганро́ге, на берегу́ Азо́вского мо́ря, в многоде́тной семье́. Воспита́ние его́ бы́ло стро́гим, иногда́ с унизи́тельными теле́сными наказа́ниями. «Сын крепостно́го, бы́вший ла́вочник, гимнази́ст и студе́нт, воспи́танный на чинопочита́нии, целова́нии попо́вских рук, поклоне́нии чужи́м мы́слям», Че́хов, по со́бственному призна́нию, вы́нужден был «выда́вливать из себя́ по ка́плям раба́».

В 1876 году́ разори́вшийся оте́ц бежи́т с семьёй от кредито́ров в Москву́. Че́хов остаётся оди́н и ока́нчивает гимна́зию, зараба́тывая себе́ на жизнь репети́торством. В девятна́дцать лет он поступа́ет на медици́нский факульте́т Моско́вского университе́та. Что́бы подрабо́тать, он начина́ет публикова́ть «юмористи́ческие ме́лочи» в развлека́тельных журна́лах, в основно́м под псевдони́мом «Анто́ша Чехонте́».

Осно́вой его́ сюже́тов слу́жат заба́вные исто́рии, неле́пые происше́ствия и смешны́е слу́чаи из жи́зни. Огро́мное коли́чество напи́санных «за ночь»

Schostakowitschs Musik immer neue Anhaltspunkte dafür, dass sein Werk eine Chronik der Ereignisse, insbesondere der Tragödien des zwanzigsten Jahrhunderts darstellt. Es spiegelt die Lebensthemen Verzweiflung, Angst, Gewalt und Tod wider. Es lässt bei aller unglaublichen Kraft doch die Verwundbarkeit des Menschen spüren. Heute ist Schostakowitsch einer der meistgespielten Komponisten des zwanzigsten Jahrhunderts.

Doktor Tschechow
Anton Tschechow

Anton Pawlowitsch Tschechow wurde 1860 in Taganrog am Asowschen Meer in einer kinderreichen Familie geboren und streng erzogen, manchmal mittels erniedrigender körperlicher Strafen. Er selbst sagte von sich, dass er, « Sohn eines Leibeigenen, ehemaliger Kramladenverkäufer, später Gymnasiast und Student, in Ehrfurcht gegenüber den Ranghöheren erzogen wurde, die Popenhände küssend und die Meinung anderer anbetend ». Er empfand, dass er später « Tropfen für Tropfen den Sklaven aus sich herausquetschen musste ».

Im Jahr 1876 floh der verschuldete Vater mit dem Rest der Familie vor den Gläubigern nach Moskau. Tschechow blieb allein zurück und musste als Nachhilfelehrer arbeiten, um das Gymnasium beenden zu können. Mit neunzehn trat er in die medizinische Fakultät der Moskauer Universität ein. Um sich etwas dazuzuverdienen, begann er in Witzblättern « humoristische Kleinigkeiten » zu veröffentlichen, meist unter dem Pseudonym « Antoscha Tschechonte ».

Grundlage für seine kurzen Erzählungen waren amüsante Geschichten, absurde Ereignisse und lustige Begebenheiten aus dem täglichen Leben. Die Unmenge von kurzen

коротких юмористических рассказов сформировало чеховский стиль: лаконичность, иронию, значимость детали, отсутствие пространных авторских рассуждений, передачу переживаний героев через «случайные» реплики и жесты.

По окончании университета (1884) Чехов работает уездным врачом. Он продолжает много писать. Профессия врача, занятия естественными науками, склонность к точности и анализу оказывают заметное влияние на его творчество.

Проходит шесть лет и из никому не известного «Антоши Чехонте» Чехов становится одним из популярнейших писателей России, автором «серьёзной» литературы, лауреатом Пушкинской премии.

В отличие от современных ему писателей, Чехов лишь ставит вопросы перед читателем, не давая ответов на них. Это вызывает неоднозначную реакцию критики. В одной из газет Чехова даже обвиняют в «беспринципности». Но в действительности писатель далёк от бесстрастности и безразличия. Характерны его слова, сказанные о русском путешественнике Пржевальском: «Подвижники нужны как солнце. Их личности – это живые документы, указывающие обществу, что есть ещё люди подвига, веры и ясно осознанной цели».

Чехов едет на остров Сахалин, чтобы увидеть своими глазами каторжные тюрьмы и места ссылки. Шесть тысяч километров пришлось ехать по сибирскому бездорожью на лошадях. На острове Чехов совершает сплошную перепись населения, изучает все аспекты жизни каторжан. Книга «Остров Сахалин» привлекла внимание к каторге и подготовила общественное мнение России к её ликвидации в 1906 году.

humoristischen Erzählungen, die « über Nacht » entstanden, prägten seinen Stil: Lakonisch und voller Ironie ersetzte er die umfassende Betrachtung des Autors durch Detailschilderungen und vermittelt das Bild der jeweiligen Personen durch « zufällige » Einwürfe und Gesten.

Nach dem Studium arbeitet Tschechow ab 1884 als Landarzt. Und er schreibt weiter. Der Arztberuf, die naturwissenschaftliche Herangehensweise und die Neigung zu Genauigkeit und analytischem Denken üben einen deutlichen Einfluss auf sein Schaffen aus.

Nach sechs Jahren wird aus dem unbekannten « Antoscha Tschechonte » Tschechow, einer der bekanntesten Schriftsteller Russlands, der Autor « ernster » Literatur und Träger des Puschkin-Preises.

Im Unterschied zu den meisten seiner schreibenden Zeitgenossen stellt Tschechow seinen Lesern Fragen, auf die er keine Antworten gibt. Dies ist bei den Kritikern umstritten. Eine Zeitung bezichtigt ihn gar der « Prinzipienlosigkeit ». In Wirklichkeit ist Tschechow weit davon entfernt, prinzipienlos oder gleichgültig zu sein. Typisch für ihn ist seine Aussage über den russischen Forschungsreisenden Prschewalskij: « Wegbereiter sind so unentbehrlich wie die Sonne. Diese Wohltäter der Menschheit sind lebende Beweise für die Gesellschaft, sie zeigen ihr, dass es noch Helden gibt, die den Glauben nicht verloren haben und sich ihres Ziels voller Zuversicht klar bewusst sind. »

Tschechow fährt auf die Insel Sachalin, um mit eigenen Augen die Gefängnisse und Verbannungsorte zu sehen. Sechstausend Kilometer legt er in der Kutsche durch die sibirische Unwegsamkeit zurück. Auf der Insel führt er eine Volkszählung durch und untersucht dabei die Lebensbedingungen der Zwangsarbeiteter. Das Buch ‹ Die Insel Sachalin › lenkte die Aufmerksamkeit auf die Zwangsarbeitersiedlungen und bereitete die öffentliche Meinung Russlands für die Abschaffung der Lager 1906 vor.

В 1892 писа́тель покупа́ет име́ние в Ме́лихове. Он рабо́тает на эпиде́мии холе́ры, беспла́тно ле́чит и снабжа́ет лека́рствами больны́х крестья́н, организу́ет сбо́ры поже́ртвований в по́льзу голода́ющих, финанси́рует строи́тельство школ, организу́ет поса́дку ты́сяч вишнёвых дере́вьев. Он и́щет но́вых отве́тов на вопро́с «Что де́лать?», не дово́льствуясь меща́нским сча́стьем. В расска́зе «Крыжо́вник» Че́хов пи́шет: «На́до, что́бы за две́рью ка́ждого дово́льного, счастли́вого челове́ка стоя́л кто́-нибудь с молото́чком и постоя́нно напомина́л бы сту́ком, что есть несча́стные...».

Вме́сте с ним в его́ до́ме живу́т роди́тели и сестра́, постоя́нно гостя́т писа́тели, арти́сты, музыка́нты, люди нау́ки, ро́дственники. Скрыва́ясь от постоя́нного хорово́да госте́й в деревя́нном фли́геле, Че́хов пи́шет расска́зы «Пала́та № 6», «Челове́к в футля́ре», «Ио́ныч», «Да́ма с соба́чкой», пье́сы «Ча́йка» и «Дя́дя Ва́ня». В его́ коро́тких расска́зах возника́ет мозаи́чная карти́на жи́зни совреме́нной ему́ Росси́и. Его́ персона́жи – зе́мские врачи́, учителя́, худо́жники, чино́вники. Их занима́ют ме́лкие бытовы́е пробле́мы и ве́чные филосо́фские вопро́сы. Мно́гих его́ геро́ев угнета́ет по́шлость и пустота́ жи́зни. «Каки́е ди́кие нра́вы, каки́е ли́ца! ... Неи́стовая игра́ в ка́рты, обжо́рство, пья́нство, постоя́нные разгово́ры всё об одно́м ... отхва́тывают на свою́ до́лю лу́чшую часть вре́мени, лу́чшие си́лы, и в конце́ концо́в остаётся кака́я-то ку́цая, бескры́лая жизнь, кака́я-то чепуха́, и уйти́ и бежа́ть нельзя́, то́чно сиди́шь в сумасше́дшем до́ме и́ли в ареста́нтских ро́тах!»

В 1897 году́ у Че́хова ре́зко обостри́лся туберкулёз, кото́рым он заболе́л ещё в ю́ношеские го́ды. Он переезжа́ет в Я́лту. Здесь, как и в

1892 kauft der Schriftsteller ein Landgut in Melichowo. Während der Choleraepidemie behandelt und versorgt er unentgeltlich die kranken Bauern, organisiert eine Spendensammlung für Hungernde, finanziert den Bau von Schulen und lässt tausend Kirschbäume pflanzen. Er sucht neue Antworten auf die Frage «Was tun?» und gibt sich nicht mit dem kleinen Glück zufrieden. In der Erzählung ‹Die Stachelbeere› schreibt Tschechow: «An der Türe eines jeden zufriedenen und glücklichen Menschen sollte jemand mit einem Hämmerchen stehen und mit seinem Klopfen ständig daran erinnern, dass es auch Unglückliche gibt...»

In seinem Haus wohnen auch seine Eltern und seine Schwester; Schriftsteller, Künstler, Musiker und Wissenschaftler sind häufig zu Gast, und auch Verwandte. Tschechow versteckt sich vor dem ständigen Reigen der Gäste in dem aus Holz gebauten Seitenflügel und schreibt die Erzählungen ‹Das Krankenzimmer Nr. 6›, ‹Der Mann im Futteral›, ‹Ionitsch›, ‹Die Dame mit dem Hündchen› und die Theaterstücke ‹Die Möwe› und ‹Onkel Wanja›. Seine kurzen Erzählungen sind wie Mosaike des russischen Lebens seiner Zeit. Seine typischen Figuren sind Landärzte, Lehrer, Künstler und Beamte. Sie sind mit den kleinen Widrigkeiten des Lebens und mit den zeitlosen philosophischen Fragen beschäftigt. Die Plattheit und Leere des kleinbürgerlichen Lebens quält viele seiner Helden. «Welch wilde Sitten, was für Gesichter! ... Rasendes Kartenspielen, Fresserei, Trinksucht, ewige Gespräche, immer über dasselbe ... und die besten Jahre des Lebens fliegen dahin, die besten Kräfte, und schließlich bleibt nur ein gestutztes, flügelloses Leben übrig, ein Unsinn, aus dem man nicht fortkann, dem man nicht entfliehen darf, ganz so, als säße man im Narrenhaus oder in der Strafanstalt!»

1897 verschlechtert sich Tschechows Tuberkulose, an der er schon als Jugendlicher erkrankt ist, bedrohlich. Er zieht nach Jalta. Auch hier ist Tschechow wie in Melichowo sozial

Мелихово, несмотря на болезнь, Чехов продолжает вести активную общественную деятельность. Но главным для него в это время становится театр. Первые его пьесы, поставленные ещё в 80-ых годах на традиционных сценах, не имели успеха. Для нового театрального языка Чехова, с его «настроением» и «подводным течением», нужен был новый театр. Им стал созданный Константином Станиславским Московский Художественный театр, который протестовал против старой манеры игры, против ложного пафоса, декламации и актёрского наигрыша.

В 1901 году Чехов женится на актрисе МХТ Ольге Книппер, исполнительнице главных ролей во всех его пьесах – «Чайка», «Дядя Ваня», «Три сестры» и «Вишнёвый сад». Но супруги живут в разлуке: Ольга Леонардовна занята в театре в Москве, а Чехов по предписанию врачей должен находиться в Ялте. В 1904 году состояние Чехова ухудшается. Он покидает Ялту и вместе с женой едет в Баденвейлер. Его первые впечатления от Германии позитивны: чёткость и честность, дешевизна жизни, хозяйственность и чистота, замечательные хлеб, масло, пиво, баранина и овсянка. После краткого облегчения Чехову становится все хуже. «Что за отчаянная скучища этот немецкий курорт!..», «ни одной прилично одетой немки, безвкусица, наводящая уныние» – последнее, что он пишет в письмах на родину. Чехов скончался в гостинице, перед самой смертью попросив бокал шампанского и заявив по-немецки приехавшему доктору: «Ich sterbe».

Чехов был погребён на кладбище Новодевичьего монастыря в Москве.

tätig, trotz seiner Krankheit. Am wichtigsten wird ihm in dieser Zeit aber das Theater. Seine ersten Stücke, die bereits in den achtziger Jahren auf traditionellen Bühnen gespielt worden waren, hatten keinen Erfolg gehabt. Für die neue Theatersprache Tschechows mit ihren «Stimmungen» und ihrem Subtext («Unterströmung») bedurfte es eines neuen Theaters. Das nötige Konzept bot das Moskauer Künstlertheater von Konstantin Stanislawskij, das sich gegen die alte Art zu spielen, gegen das falsche Pathos, gegen das Deklamieren und gegen das Aufspielen der Schauspieler auflehnte.

1901 heiratet Tschechow die Schauspielerin des Moskauer Künstlertheaters Olga Knipper, die Darstellerin der Hauptrollen in allen seinen Stücken (›Die Möwe‹, ‹Onkel Wanja›, ‹Die drei Schwestern› und ‹Der Kirschgarten›). Doch die Eheleute müssen an verschiedenen Orten leben; Olga Leonardowna arbeitet am Theater in Moskau und Tschechow soll auf Anordnung des Arztes in Jalta bleiben. 1904 verschlechtert sich der Zustand Tschechows. Er verlässt Jalta und fährt mit seiner Frau in den Kurort Badenweiler. Sein erster Eindruck von Deutschland ist positiv: Er beschreibt die Genauigkeit, Ehrlichkeit und das günstige Leben, die Tüchtigkeit und Sauberkeit, das wunderbare Brot, die Butter, das Bier, das Lammfleisch und den Haferbrei. Nach kurzer Besserung geht es Tschechow jedoch noch schlechter. «Dieser deutsche Kurort ist öde zum Verzweifeln! ... », «Nicht eine deutsche Frau ist gut gekleidet, die Geschmacklosigkeit ist bedrückend.» Das war das Letzte, was er in den Briefen in die Heimat schrieb. Tschechow starb in einem Hotel. Vor seinem Tod bat er um ein Glas Champagner und sagte dem herbeigerufenen Arzt auf deutsch: «Ich sterbe.»

Tschechow wurde auf dem Friedhof des Jungfrauenklosters in Moskau begraben.

Софи́я Фредери́ка Авгу́ста, принце́сса Анха́льт-Це́рбстская Екатери́на Вели́кая

В 1741 году́ ру́сской императри́цей ста́ла дочь Петра́ Пе́рвого Елизаве́та. Бу́дучи безде́тной, она́ вы́звала в Петербу́рг своего́ племя́нника, Ка́рла Пе́тера У́льриха. Он был сы́ном от бра́ка её ста́ршей сестры́ А́нны и ге́рцога Го́лштейн-Готто́рпского из ро́да шве́дских короле́й и тем са́мым мог стать как шве́дским королём, так и ру́сским царём. В четы́рнадцать лет ма́льчик был объя́влен насле́дником росси́йского престо́ла. Когда́ ему́ испо́лнилось шестна́дцать, Елизаве́та подыска́ла ему́ неве́сту, принце́ссу Анха́льт-Це́рбстскую Софи́ю Фредери́ку Авгу́сту. Софи́я была́ племя́нницей у́мершего пе́ред сва́дьбой жениха́ само́й Елизаве́ты.

Судьба́ пятнадцатиле́тней Софи́и Фредери́ки Авгу́сты и́ли, как её называ́ли в семье́, Фи́кхен, с э́того моме́нта напомина́ет ска́зку о Зо́лушке. Из бе́дной принце́ссы она́ со вре́менем преврати́лась в вели́кую императри́цу.

Оте́ц Фи́кхен служи́л в пру́сской а́рмии, был вое́нным губерна́тором Ште́ттина. Мать, молода́я и самолюби́вая герцоги́ня Гольште́йн-Готто́рпская, гото́вила дочь к вы́годному бра́ку. В четы́ре го́да ма́ленькую принце́ссу уже́ учи́ли чита́ть. В семь лет она́ должна́ была́ оста́вить игру́шки – де́тство на э́том закончилось. Она́ облада́ла порази́тельным упря́мством и раздража́ла э́тим взро́слых: она́ ничего́ не хоте́ла де́лать, «пока́ ей не прика́зывали стро́го и по ме́ньшей ме́ре три́жды».

Но э́то ка́чество, по её со́бственному поздне́йшему свиде́тельству, помогло́ ей научи́ться «соста́влять со́бственное мне́ние по любо́му вопро́су». Ма́ленькая Фи́кхен с са́мого нача́ла позна́ла воспита́ние «кнуто́м и пря́ником», её мать не стесня́лась применя́ть

Sophie Friederike Augusta, Prinzessin von Anhalt-Zerbst Katharina die Große

1741 wurde Elisabeth, die Tochter Peters des Großen, zur russischen Zarin gekrönt. Weil sie kinderlos war, holte sie ihren Neffen, Karl Peter Ulrich, nach Petersburg. Er war der Sohn ihrer älteren Schwester Anna und des Herzogs von Holstein-Gottorp aus dem schwedischen Königshaus. Damit hätte der Junge sowohl schwedischer König als auch russischer Zar werden können. Mit vierzehn wurde er zum russischen Thronfolger erklärt. Als er sechzehn war, wählte Elisabeth für ihn eine Braut, die Prinzessin Sophie Friederike Augusta von Anhalt-Zerbst. Das Mädchen war die Nichte des Bräutigams der Zarin Elisabeth, der vor der Hochzeit gestorben war.

Das Schicksal der fünfzehnjährigen Sophie Friederike Auguste, oder, wie sie in der Familie genannt wurde, Fikchen, erinnert von da an an das Märchen von Aschenputtel. Aus der armen Prinzessin wird mit der Zeit die «große Zarin».

Friederikes Vater diente als Militärgouverneur in der preußischen Armee und war regierender Fürst in Stettin. Ihre Mutter, die junge und ehrgeizige Herzogin von Holstein-Gottorp bereitete ihre Tochter auf eine vorteilhafte Heirat vor. Schon mit vier lernte die kleine Prinzessin Lesen. Mit sieben Jahren musste sie ihr Spielzeug abgeben, ihre Kindheit war zu Ende. Sie war sehr trotzig und ärgerte damit die Erwachsenen: Sie wollte nichts tun, bevor man es ihr nicht «streng und mindestens dreimal befohlen hatte».

Diese Eigenschaft half ihr aber (nach ihrer eigenen späteren Aussage), sich «zu jeder Frage eine eigene Meinung zu bilden». Die kleine Friederike hatte von Anfang an die Erziehung «mit Zuckerbrot und Peitsche» kennengelernt, ihre Mutter scheute sich nicht, ihr ab und zu einen Klaps

«колотушки». «Меня́ едва́ терпе́ли, о́чень ча́сто серди́то и да́же зло отчи́тывали, причём не всегда́ заслу́женно». Мать счита́ла дочь невозмо́жным ребёнком: своево́льным, непосе́дливым, с мальчи́шескими зама́шками.

Почти́ безнадёжным де́лом каза́лось сде́лать из неё принце́ссу. Одна́жды пе́ред сами́м королём Пру́ссии Фри́дрихом I четырёхле́тняя Фи́кхен, ниско́лько не смуща́ясь, заме́тила, что у короля́ сли́шком коро́ткий камзо́л. Коро́ль объяви́л, что де́вочка невоспи́тана. Ей на́няли гуверна́нтку-францу́женку. Мадмуазе́ль забо́тилась о том, что́бы Фи́кхен явля́лась пе́ред роди́телями тако́ю, како́й могла́ бы им нра́виться. «Сле́дствием э́того бы́ло то, что я ста́ла сли́шком скры́тной для своего́ во́зраста».

Сле́дующую гуверна́нтку Екатери́на в воспомина́ниях называ́ла «образцо́м доброде́тели и благоразу́мия, терпе ли́вой, кро́ткой, весёлой, справедли́вой». У неё бы́ло свое обра́зное сре́дство воспи́тывать де́вочку: она́ люби́ла чита́ть. По оконча́нии уро́ков она́, е́сли бы́ла дово́льна учени́цей, чита́ла вслух; е́сли нет, чита́ла про себя́; для Фи́кхен бы́ло больши́м огорче́нием, когда́ мадмуазе́ль «не де́лала ей че́сти допуска́ть её к своему́ чте́нию».

Мо́жет быть, из-за того́, что мать Фи́кхен уве́рила дочь в том, что она́ «совсе́м дурну́шка», бу́дущая Екатери́на иска́ла пи́щи для ума́, а не све́тских развлече́ний. Она́, по её слова́м, стара́лась развива́ть в себе́ вну́тренние ка́чества, хоте́ла не то́лько мно́го знать, но и уме́ть подде́рживать разгово́р, хоте́ла нра́виться лю́дям не ра́ди показно́го бле́ска, но быть для них по-настоя́щему интере́сной. Уже́ став императри́цей, она была́ ве́жлива с людьми́ любо́го сосло́вия, говори́ла слу́гам «вы», не прика́зывала, а обраща́лась с про́сьбой, никого́ не отчи́тывала на глаза́х у други́х.

Исто́рик Ключе́вский пи́шет: «Екатери́на яви́лась в Росси́ю со значи́тельной подгото́вкой ко вся́ким

zu geben. «Sie duldeten mich nur, waren oft wütend und haben mich sogar böse ausgezankt, was ich nicht immer verdient hatte.» Die Mutter hielt die Tochter für ein unmögliches Kind, eigenwillig, unruhig und mit Bubenmanieren.

Aus ihr eine Prinzessin zu machen, schien fast aussichtslos. Einmal bemerkte die vierjährige Fikchen vor dem Preußenkönig Friedrich I. vorlaut, dass der König einen zu kurzen Gehrock habe. Der König fand, das Mädchen sei ungezogen. Eine französische Gouvernante wurde eingestellt. Mademoiselle hatte dafür zu sorgen, dass Fikchen vor den Eltern so auftrat, dass sie ihnen gefiel. «Die Folge davon war, dass ich viel zu verschlossen für mein Alter wurde.»

Die nächste Gouvernante nannte die spätere Zarin in ihren Erinnerungen «ein Muster an Tugend und Vernunft, geduldig, sanftmütig, heiter und gerecht». Sie hatte ein ganz besonderes Erziehungsmittel für dieses Mädchen: Sie las gern. Wenn sie nach der Unterrichtsstunde mit ihrer Schülerin zufrieden war, las sie ihr vor, wenn nicht, las sie leise für sich selbst. Für Fikchen war es ein großer Verdruss, «wenn die Mademoiselle ihr nicht die Ehre erwies, an ihrer Lektüre teilzuhaben».

Lag es daran, dass die Mutter ihrer Tochter immer wieder sagte, sie sei «ein ganz hässliches Mädchen»? Jedenfalls suchte die zukünftige Zarin nach Nahrung für ihren Verstand statt nach höfischen Zerstreuungen. Ihren eigenen Worten zufolge bemühte sie sich, innere Werte zu entwickeln, sie wollte nicht nur viel wissen, sondern auch ein Gespräch führen können, wollte anderen Menschen nicht durch äußeren Glanz gefallen, sondern wirklich interessant für sie sein. Auch als sie Zarin geworden war, war sie höflich zu Menschen jeden Standes, sagte «Sie» zu den Dienern, befahl nicht, sondern leitete sie mit Bitten, tadelte niemanden vor anderen.

Der Historiker Kljutschewski schreibt: «Als Katharina nach Russland kam, war sie bereits gut auf alle alltäglichen

жите́йским невзго́дам. В ра́нней мо́лодости она́ мно́гое ви́дела. Роди́вшись в Ште́ттине, она́ подо́лгу жива́ла на попече́нии ба́бушки в Га́мбурге, быва́ла в Бра́уншвейге, в Ки́ле и в само́м Берли́не, где ви́дела двор пру́сского короля́. Всё э́то помогло́ ей собра́ть оби́льный запа́с наблюде́ний и о́пытов, разви́ло в ней жите́йскую сноро́вку, привы́чку распознава́ть люде́й, буди́ло размышле́ние.»

В Москве́, куда́ она́ прие́хала с ма́терью, воображе́ние Фи́кхен порази́ло вели́чие императри́цы, ро́скошь наря́дов и пы́шность приёмов. Её окружа́ли почёт и бога́тство, а бу́дущее обеща́ло корону.

Пла́той за э́то был брак с троюро́дным бра́том, уже́ ста́вшим вели́ким кня́зем Петро́м Фёдоровичем. Фи́кхен начала́ учи́ть ру́сский язы́к, крести́лась по правосла́вному обы́чаю и ста́ла Екатери́ной Алексе́евной. Че́рез год она́ ста́ла жено́й вели́кого кня́зя. О нём Екатери́на сообща́ет в свои́х мемуа́рах: «Цвет лица́ у него́ был бле́ден и он каза́лся то́щим и сла́бого телосложе́ния»; он был «накло́нен к пья́нству и его́ приближённые с трудо́м препя́тствовали ему́ напива́ться за столо́м, он был упря́м и вспы́льчив, не люби́л окружа́ющих».

Её раздража́ла его́ игра́ в солда́тики, постоя́нное переодева́ние по два́дцать раз на дню в но́вые мунди́ры, то, что он не цени́л наро́д, над кото́рым собира́лся ца́рствовать, и «держа́лся лютера́нства». Пётр признава́лся ей, что бо́льше всего́ ему́ нра́вится, что она – его кузина и поэтому он не стесняясь говорил со ней обо всем, рассказывал, что влюблён в одну́ фре́йлину императри́цы и ему́ хоте́лось бы на ней жени́ться, но он покоря́ется необходи́мости жени́ться на Фи́кхен. «Я уви́дела я́сно, что он поки́нул бы меня́ без сожале́нья; что меня́ каса́ется, то, ввиду́ его́

Widrigkeiten des Lebens vorbereitet. In ihrer Jugend hatte sie viel gesehen. Geboren in Stettin, war sie immer wieder für längere Zeit bei ihrer Großmutter in Hamburg. Sie hat auch Braunschweig, Kiel und sogar Berlin besucht, wo sie den Preußischen Königshof kennenlernte. All das half ihr, einen reichlichen Vorrat an Beobachtungen und Erfahrungen zu sammeln, Gewandtheit im Umgang zu entwickeln, Menschen zu durchschauen, und sich ihre eigenen Gedanken zu machen.»

Als sie dann mit ihrer Mutter in Moskau ankam, war sie überwältigt von der Erhabenheit der Zarin, den prunkvollen Gewändern und den prachtvollen Empfängen. Ehre und Reichtum umgaben sie, und die Zukunft versprach die Krone.

Der Preis dafür war die Ehe mit Peter Fjodorowitsch, ihrem Vetter zweiten Grades, der mittlerweile schon Großfürst war. Fikchen lernte Russisch, ließ sich nach orthodoxem Ritus taufen und wurde zu Katharina Alexejewna. Nach einem Jahr war sie die Gemahlin des Großfürsten. Über ihn berichtet die Zarin in ihren Memoiren: «Er war blass im Gesicht, mager und hatte einen schwachem Körperbau»; er neigte «zur Trunksucht und seine Höflinge hielten ihn nur schwer davon ab, sich bei Tisch zu betrinken. Er war stur, jähzornig und hasste seine Umgebung.»

Sie ärgerte sich über sein Spiel mit Spielzeugsoldaten, darüber, dass er an einem Tag zwanzigmal die Uniform wechselte, dass er das Volk nicht mochte, über das er doch herrschen würde, und dass er nicht orthodox werden wollte. Peter hatte ihr gestanden, dass es ihm besonders angenehm sei, dass sie seine Cousine sei, und er sich daher nicht scheuen müsse, mit ihr über alles zu reden. Er hatte erzählt, dass er in eine Hofdame verliebt gewesen war und sie gern geheiratet hätte, sich aber der fürstlichen Notwendigkeit gebeugt habe, Fickchen zu heiraten. «Ich habe deutlich gemerkt, dass er mich ohne Bedauern aufgegeben hätte,

настроения, он был для меня почти безразличен, но не безразлична была для меня русская корона. В глубине души у меня было что-то, что не позволяло мне сомневаться ни минуты в том, что рано или поздно мне самой по себе удастся стать самодержавной русской императрицей.»

Брак не принёс им счастья. Пётр не скрывал своих связей с фрейлинами, хотя и оставался по-прежнему ребячливым и мог, например, принести на брачное ложе своих кукол. Екатерина проводила время в уединении, читала книги по истории, философии, праву. Спустя много лет автор Энциклопедии французских просветителей Дидро, разговаривая с Екатериной, заметил, что она имеет глубокие и разносторонние знания. На это Екатерина ответила: «И не удивительно: у меня были хорошие учителя – несчастье и одиночество».

Основным развлечением для неё служила охота, верховая езда, танцы и маскарады. Старая императрица не раз высказывала недовольство отсутствием детей у наследника. Наконец, в 1754 году Екатерина родила сына, будущего императора Павла I. Говорили, что его отцом был гвардейский офицер Салтыков. Царствующая Елизавета сразу же забрала внука к себе. Екатерине стало понятно, что роль, ради которой она была вызвана в Россию, выполнена.

После рождения Павла отношения с Петром и Елизаветой ещё более ухудшились. Пётр открыто имел любовниц, хотя и не мешал жене делать то же самое. Перед Екатериной возникла реальная перспектива высылки из России или заключения в монастырь.

В конце 1761 года старая императрица умерла. На троне оказался Петр III. Его вызывающее

und was mich betrifft: Weil er so zu mir stand, war er mir auch ziemlich gleichgültig, nicht gleichgültig war mir aber die russische Krone. Im tiefsten Innern war etwas, das mich nicht eine Minute zweifeln ließ, dass es mir früher oder später gelingen würde, die alleinige unumschränkte russische Herrscherin zu werden.»

Die Ehe brachte den beiden kein Glück. Peter verheimlichte seine Beziehungen zu den Hofdamen nicht, war aber im Übrigen genauso kindisch wie früher: Er nahm zum Beispiel seine Spielzeugsoldaten mit ins Ehebett. Katharina zog sich viel zurück, las Bücher zur Geschichte, Philosophie und zur Rechtswissenschaft. Als nach vielen Jahren Diderot, der Autor der Enzyklopädie der französischen Aufklärung, im Gespräch mit Katharina bemerkte, wie fundiert und vielseitig ihr Wissen sei, antwortete Katharina: «Das ist nicht verwunderlich. Ich hatte gute Lehrer: das Unglück und die Einsamkeit.»

Zerstreuung fand sie bei Ausritten und auf der Jagd, beim Tanzen und auf Maskenbällen. Die alte Zarin Elisabeth hatte bereits mehrfach ihrer Unzufriedenheit Ausdruck verliehen, dass der Thronfolger noch keine Kinder hatte. 1754 schließlich bekam Katharina einen Sohn, den späteren Zaren Paul I. Es hieß, der Gardeoffizier Saltykow sei der Vater. Die alte Zarin nahm den Enkel sofort zu sich. Katharina wurde klar, dass sie die Aufgabe, deretwegen sie nach Russland geholt worden war, nun erfüllt hatte.

Nach der Geburt des Sohnes Paul verschlechterte sich die Beziehung zu Peter und zu der Zarin noch mehr. Peter hatte ganz offen Geliebte, stand aber auch den Liebesbeziehungen seiner Frau nicht im Weg. Katharina befürchtete, aus Russland weggeschickt oder in einem Kloster eingeschlossen zu werden.

Ende 1761 starb die alte Zarin. Peter III. bestieg den Zarenthron. Seine offensichtliche Geringschätzung der russi-

пренебреже́ние ру́сскими тради́циями и интере́сами страны́, его́ преклоне́ние пе́ред пру́сским королём Фри́дрихом II, его́ очеви́дная неспосо́бность пра́вить страно́й привели́ к тому́, что симпа́тии большинства́, и осо́бенно гва́рдии, оказа́лись на стороне́ Екатери́ны. Че́рез шесть ме́сяцев его́ ца́рствования, 28 июня 1762 го́да, Екатери́на соверши́ла бескро́вную «да́мскую» револю́цию: появи́вшись пе́ред гварде́йцами верхо́м на коне́, с развева́ющимися волоса́ми, она́ дала́ провозгласи́ть себя́ императри́цей. Че́рез не́сколько дней аресто́ванный Пётр у́мер от «геморроида́льных ко́лик». В действительности он был заду́шен одни́м из дове́ренных Екатери́не офице́ров, вероя́тнее всего́, без прямо́го её на э́то указа́ние.

Начался́ «век Екатери́ны». Она́ пра́вила насто́лько успе́шно, что заслужи́ла ти́тул Вели́кой ещё при жи́зни. Её, не́мку, ру́сский наро́д называ́л «родно́й ма́тушкой». Екатери́на раздели́ла страну́ на губе́рнии и уе́зды, основа́ла о́коло со́тни городо́в, устро́ила но́вые суды́, уничто́жила в Росси́и пы́тки, занима́лась вопро́сами нау́ки и образова́ния, откры́ла дома́ для сиро́т. Она́ вы́играла все во́йны, кото́рые вела́, верну́ла Росси́и Крым и террито́рии, за́нятые По́льшей.

Екатери́на пригласи́ла на жи́тельство в Росси́ю бо́лее деся́тка ты́сяч неме́цких колони́стов. Она́ оста́вила по́сле себя́ большо́е пи́сьменное насле́дие, в том числе́ шестна́дцать томо́в зако́нов и ука́зов. При э́том грома́дную импе́рию Екатери́на называ́ла «свои́м ма́леньким хозя́йством». Она́ счита́ла себя́ «филосо́фом на тро́не» и покло́нником просвещённого абсолюти́зма, перепи́сывалась с Вольте́ром, Дидро́ и д'Аламбе́ром. Она́ была́ а́втором деся́тков литерату́рных произведе́ний и да́же о́пер.

schen Traditionen und der Interessen des Landes sowie seine Verehrung des preußischen Königs Friedrich II. und ebenso seine offensichtliche Unfähigkeit zu regieren, führten dazu, dass die Sympathie des Volkes und besonders die der Gardetruppen sich Katharina zuneigte. Am 28. Juni 1762, nach sechsmonatiger Regierungszeit Zar Peters, unternahm Katharina eine unblutige «Damenrevolution»: Sie erschien hoch zu Ross, mit wehendem Haar vor der Garde und ließ sich als Zarin bejubeln. Peter wurde gefangengenommen, dankte ab und starb wenige Tage später an einer «hämorrhoidalen Kolik». In Wirklichkeit ist Peter wohl von einem der Katharina ergebenen Offiziere erdrosselt worden, wenn auch wohl nicht auf ihren direkten Wunsch.

Es begann das «Zeitalter Katharinas». Sie regierte mit solchem Erfolg, dass sie schon zu Lebzeiten den Beinamen «die Große» erhielt. Das russische Volk nannte sie, eine Deutsche, «unser liebes Mütterchen». Katharina teilte das Land in Gouvernements und Verwaltungsbezirke ein, gründete rund hundert Städte, schuf eine neue Gerichtsbarkeit, schaffte die Folter in Russland ab, entwickelte Wissenschaft und Bildung und begründete Waisenhäuser als Institution. Sie gewann alle Kriege, die sie führte, und holte für Russland die Krim und die von den Polen besetzten Gebiete zurück.

Katharina lud mehr als zehntausend deutsche Siedler ein, sich in Russland niederzulassen. Sie hinterließ ein umfangreiches schriftliches Werk, darunter sechzehn Bände Gesetze und Erlasse. Ihr riesengroßes Reich nannte Katharina «meinen kleinen Haushalt». Sie bezeichnete sich selbst als «Philosophin auf dem Thron» und als Anhängerin des aufgeklärten Absolutismus. Sie stand im Briefwechsel mit Voltaire, Diderot und d'Alembert und war Autorin von mehreren Dutzend literarischen Werken und sogar Opern.

Период её правле́ния ча́сто счита́ют «золоты́м ве́ком» Росси́йской импе́рии. Екатери́на прожила́ са́мую до́лгую жизнь среди́ ру́сских царе́й и до́льше всех находи́лась у вла́сти.

«Екатери́на хоте́ла цари́ть не то́лько вла́стью, но всем на све́те – ге́нием, красото́й; она хоте́ла одна́ обраща́ть на себя́ внима́ние всех, у неё бы́ло ненасы́тное жела́ние нра́виться» (Алекса́ндр Ге́рцен). Об инти́мной жи́зни императри́цы сочинены́ тома́. У неё бы́ло че́тверо дете́й от ра́зных отцо́в – её фавори́тов.

В конце́ жи́зни Екатери́на соста́вила со́бственную эпита́фию: «Здесь поко́ится Екатери́на Втора́я. Она́ прибыла́ в Росси́ю в 1744 году́, что́бы вы́йти за́муж за Петра́ III. В четы́рнадцать лет она́ приняла́ тро́якое реше́ние: понра́виться своему́ супругу́, Елизаве́те и наро́ду. Она́ не упусти́ла ничего́, что́бы доби́ться в э́том отноше́нии успе́ха. Восемна́дцать лет, испо́лненных ску́ки и одино́чества, побуди́ли её проче́сть мно́го книг. Взойдя́ на росси́йский престо́л, она́ приложи́ла все стара́ния к тому́, что́бы дать свои́м по́дданным сча́стье, свобо́ду и материа́льное благополу́чие. Она́ была́ снисходи́тельна, люби́ла жизнь, отлича́лась весёлостью нра́ва, была́ и́стинной республика́нкой по свои́м убежде́ниям и облада́ла до́брым се́рдцем. Она́ име́ла друзе́й. Рабо́та дава́лась ей легко́. Ей нра́вились све́тские развлече́ния и иску́сства.»

В мемуа́рах Екатери́ны есть за́пись: «Сча́стье не так сле́по, как его́ себе́ представля́ют. Ча́сто оно́ быва́ет сле́дствием дли́нного ря́да мер, ве́рных и то́чных, не заме́ченных толпо́ю и предше́ствующих собы́тию. А в осо́бенности сча́стье отде́льных ли́чностей быва́ет сле́дствием их ка́честв, хара́ктера и ли́чного поведе́ния.»

Katharinas Regierungszeit wird oft «das goldene Zeitalter» des Russischen Reiches genannt. Katharina lebte am längsten von allen Zarinnen und Zaren und blieb länger als alle anderen Zaren an der Macht.

«Katharina wollte nicht nur mithilfe ihrer Macht regieren, sondern mit allem, was sie hatte, mit ihrer Genialität und ihrer Schönheit. Sie wollte die Aufmerksamkeit aller auf sich ziehen, sie hatte einen unersättlichen Drang, zu gefallen» (schreibt Alexander Gerzen). Über das Privatleben der Zarin sind Bände verfasst worden. Sie hatte insgesamt vier Kinder von verschiedenen Vätern – ihren Günstlingen.

Am Ende ihres Lebens verfasste Katharina ihre eigene Grabinschrift. «Hier liegt Katharina II. Sie kam 1744 nach Russland, um Peter III. zu heiraten. Mit vierzehn fasste sie den dreifachen Vorsatz, ihrem Mann, Katharina und dem Volk zu gefallen. Sie hat nichts unversucht gelassen, um in diesem Bestreben erfolgreich zu sein. Mit achtzehn Jahren, erfüllt von Langeweile und Einsamkeit, wurde sie dazu veranlasst, viele Bücher zu lesen. Nachdem sie den russischen Thron bestiegen hatte, richtete sie all ihre Anstrengungen darauf, ihren Untergebenen Glück, Freiheit und materielles Wohlergehen zu verschaffen. Sie war nachsichtig, liebte das Leben, zeichnete sich durch ein frohes Gemüt aus, war wahrhaft republikanisch in ihren Überzeugungen und besaß ein gutes Herz. Sie hatte Freunde. Die Arbeit fiel ihr leicht. Ihr gefielen weltliche Vergnügen und die Kunst.»

In ihren Memoiren schrieb Katharina: «Das Glück ist nicht so blind, wie man es sich vorstellt. Oft ist es die Folge einer langen Reihe von Handlungen, die richtig waren und von den anderen unbemerkt dem Erfolg vorausgingen. Insbesondere ist das Glück jedes einzelnen eine Folge seiner Eigenschaften, seines Charakters und seines persönlichen Verhaltens.»

Gerne schicken wir Ihnen ein Verzeichnis aller Bände der Reihe dtv zweisprachig zu.

Deutscher Taschenbuch Verlag
Friedrichstraße 1a, 80801 München
www.dtv.de zweisprachig@dtv.de